前　言

手球、棒球、垒球运动在我国属于潜优势的竞技项目，随着人民生活水平的提高，它们逐渐走进了老百姓的生活，它们具有健身、观赏、娱乐、教育、经济等多种功能价值。

《手球、棒球、垒球》介绍了手球、棒球、垒球运动的起源、发展、特点、基本技术、快乐速成等内容，内容体现了如下特色：

1. 图文并茂，让青少年更形象、更轻松理解每一个技术动作，变抽象的文字解释为形象的图片展示，有助于提高学生的学习兴趣。

2. 精选国际重大比赛给学生进行介绍，让学生逐渐了解这些运动在国际上的发展状况，激发他们的兴趣爱好，从而逐渐但遇到这些运动项目中。

3. 补充了运动生理卫生及健康常识部分。针对手球、棒球、垒球运动过程中可能出现的运动损伤，介绍了有效的预防措施极其简单的治疗方法，这对学生安全、可持续参与该运动以及技能的提高，都具有重要意义。

4. 增加了技术动作的英文名称。学生在学习排球动作的同时，能够知道该动作的英文名称，丰富了学生的专业英语词汇。

青少年是国家的未来、民族的希望，他们身心健康、人格健全是每一个家长和老师的愿望，也是素质教育所追求的重要目标。我们将把此书献给广大青少年，衷心地希望本书能够提高他们参与手球、棒球、垒球运动的兴趣，使他们体验到手球、棒球、垒球运动的快乐，为他们的学习生活增添一道亮丽的风景线。

目　　录

手　球　篇

棒 球 篇

垒 球 篇

手 球 篇

第一章

手球运动概述

第一节　手球的起源、历史及奥运发展史

一、起源

1926 年，在希腊的德普策斯城墙的墓碑浮雕上，描绘了公元前 8 世纪与现代手球相似的供达官贵族娱乐的“手球”游戏的情景。

据说，“手球”游戏的起源和游戏的内容以及规则没有太大联系。这在荷马史诗《奥德赛》(Homer in the Odyssey) 中所描述古希腊人玩耍的乌拉尼亚 (Urania) 游戏，以及公元 130 年至 200 年的罗马医生曾描述罗马人玩耍的哈尔帕斯顿 (Harpaston) 游戏，还有德国抒情诗人在诗中所提及的接球游戏，都包含着远古时期的类似现代“手球”的游戏特征。

现代手球运动的形成，源于最早出现的类似于手球的游戏。1848 年丹麦体育运动委员、中学体育教师霍尔格 · 尼尔森 (Holger)，在奥尔特罗泊 (Ortrup) 的第二学校举行了一场“手球比赛”。当时在场地的两边分别有一个球门，比赛双方用手传球射门，并命名为“手球”。丹麦的霍尔格 · 尼尔森则被尊称为“手球之父”。

现代手球运动起源于欧洲，有资料记载，手球运动是在 1895 年开展起来的。1897 年在丹麦的纽布洛克 (Nybrog) 城镇举行了一场“室外手球”比赛。

1906 年，丹麦出版了尼尔森制定的手球比赛规则，这是出现得最早的手球规则，并从丹麦、德国、瑞典等国家开始逐渐推广开来。手球是一

种运用移动、传、接、运球、射门、对打断球等技术和战术进行对抗的球类运动。据说在1898年，一名欧洲足球运动员因右脚受伤，虽不影响跑动，但不能因踢球而十分懊丧，不甘心从此退出球场，与酷爱的足球告别，从而产生了用手代替脚来完成足球动作的想法，创造出手球运动。最初，手球比赛为11人制，在大型足球场上进行。运动员穿足球鞋，比赛时只许6人参加攻守，并可无限制地连续运球。

1917年在德国正式组织比赛，后逐渐在欧洲流行。

1928年成立国际手球联合会。

1936年第11届奥运会将手球列为正式比赛项目。1938年在德国举行首届世界男子7人制手球锦标赛，1972年第20届奥运会将此列为正式比赛项目。1957年在前南斯拉夫举行首届世界女子7人制手球锦标赛，1976年第21届奥运会将此列为正式比赛项目。我国于20世纪50年代中期引进手球运动。

二、发展

据史料记载，1925年德国与奥地利举行了第一场国际手球比赛。次年德国又举办了国际手球比赛。

1928年，在阿姆斯特丹举行的第9届奥运会期间，国际业余手球联合会（International Amateur Handball Federation）（简称IAHF）成立。其中的一位创始人是美国的艾弗里·布伦戴奇（Arery Brundage，1887.9.28～1975.5.7），后来成为国际奥委会第5任主席（1952～1972）。

图1－1　国际手球联合会徽标

1936 年,国际业余手球联合会已有 23 个会员国(或地区)。1946 年,在丹麦和瑞典的倡导和邀请下,由丹麦、芬兰、法国、荷兰、挪威、波兰、瑞典和瑞士 8 个国家共同发起创立了国际手球联合会(简称 IHF),并将 1946 年 7 月 11 日确定为创始日。

手球运动之后由中欧向北欧、东欧国家传播开来。20 世纪 40 年代由南欧传入非洲;20 世纪 50 年代,又在美洲及亚洲开展起来,继而在世界各地兴起。手球运动很快在欧洲得到迅速的推广和普及,深受北欧国家,例如:丹麦、挪威、瑞典、芬兰等广大人民的喜爱。

但是,由于北欧地处北寒带,受气候和季节等影响,夏季时间短,冬季漫长,当时在室外开展的 11 人制手球根本无法在北欧的严冬里进行,所以就把手球从室外转到室内进行,也开始尝试在室内进行训练和比赛。并且还对手球的规则进行了一定的修改,在室内进行的手球比赛上场人数规定为 7 人。

由于 7 人制手球在室内进行不会受气候的影响,加上技巧多样、战术多变,攻守兼备,比赛相当激烈,因此发展得非常快,很快盛行于全球。男子 7 人制手球锦标赛(亦称室内手球 Indoor)于 1938 年举办第 1 届,因为战争原因,1954 年才举办第 2 届。1958 年第 3 届后每 3 年举行一届,1970 年后每 4 年举行一届。从 1993 年后改为每 2 年举行一届。目前,参加世界男子手球锦标赛确定为 24 支队伍。

女子 7 人制世界手球锦标赛,从 1957 年开始举办至 2005 年 12 月在俄罗斯已举行了 17 届。赛制大体与男子比赛相同,参赛队伍为24 支。

世界男子、女子手球锦标赛选择在同一年(奇数年)中举行,男子锦标赛一般在年初,女子锦标赛则在年底举行。参赛资格根据国际手联分配的名额,通过各洲举办的预选赛而获得。

三、奥运会手球发展史

手球是奥运会的正式项目之一。1936 年德国柏林第 11 届奥运会上，男子11人制手球第一次被列为奥运会正式比赛项目，之后中断。1965年在西班牙举行的奥委会执委会上，手球在时隔36年后再次进入奥运会。

男子7人制手球于1972年在前联邦德国慕尼黑举行的第20届奥运会上，被列为奥运会正式比赛项目。1976年在加拿大蒙特利尔举行的第21届奥运会，女子7人制手球被列为奥运会正式比赛项目。至今，奥运会男子手球比赛共举办过10届，女子手球比赛共举办过8届。

参加奥运会手球的比赛，需要通过奥运会预选赛，预选赛的具体比赛办法由国际手联确定。2008年北京第29届奥运会，男、女各有12支队伍获得奥运会参赛资格。

图1－2　北京2008年奥运会图标——手球

第二节　手球运动的特点和价值

一、特点

手球是极其新颖和激烈的运动，除了个人的技战术之外，集体的合作也特别重要。因为这项运动的速度很快，如果想要尽快得分的话，除了需要有好的体力及灵敏的过人技术之外，团结合作也是很重要的一环。手球更是一种适合不同年龄阶段的人参与的活动，它适合青少年，对于中学生和大学生也同样非常适合。手球的体积小，很容易控制，因此也较易发力。它对客观条件的要求不高，适合开展。

图 1－3

二、价值

（一）培养拼搏精神

激烈的对抗、不断的身体接触、连续不断的进攻以及激烈对抗中的全力射门，使手球运动员练就了一种敢于拼搏、不畏困难的顽强精神。在比赛中，只要进攻队员还能够继续进攻，裁判员就不会中断比赛，因此，手球运动员在比赛中可以毫不在乎对手频繁的犯规，而专心致志地进攻得分。运动员的顽强拼搏，不达目的不罢休的意志和精神，更是在手球比赛中展现得淋漓尽致。这种精神，对一个民族，对整个社会也有积极的影响。

图 1－4

（二）提高团队协作意识

手球也是一个集体的运动项目，因此它不同于拳击或田径等个人拼搏的项目。手球同时又是一个对抗性很激烈的项目，个人在集体中所能起的作用远小于篮球和足球等。这就需要全体队员具有团结协作的精神，才能取得更好的比赛成绩。韩国人可以在手球运动这个项目上取得举世瞩目的骄人成绩，与他们强烈的爱国主义及良好的团结协作精神密切相关。手球运动，更能反映出一个民族、一个国家的集体协作精神。

图 1－5

（三）欣赏价值

手球运动是一个力与美相结合的项目，手球比赛具有很高的欣赏价值。比赛中，运动员们在激烈对抗中所做出的各种优美的射门动作：跳起远射、小角度射门、前扑射门、鱼跃射门以及采用反弹球、旋转球、快板球等高难度射门技术。出神入化的战术配合，灵活性很强的隐蔽传球，以及守门员精彩的出击扑救球以及旋风般的快攻反击等，给观众带来了很多视觉上的享受。

同时，观众们在观看激烈对抗的手球比赛时，会惊叹手球运动员那种专心致志、不屈不挠、敢于拼搏的顽强精神，不知不觉中场上紧张的气氛会给观众带来心灵上的强烈感染，尤其是拼搏精神，是一个民族发展的动力。

图 1－6

第三节　手球运动的发展态势

20 世纪 80 年代是民办手球运动史上一次最大的变革时期。这次变革主要是在规则上进行了根本性的改革，极大地限制了粗野、凶狠的违规打法，促使技战术进行了有效的革新，为手球运动的发展奠定了良好的基础。变革后主要发展趋势表现在：

一、普遍重视了运动员的身材高度

在 1988 年的世界锦标赛上涌现出许多 2 米以上的高大队员，仅苏联队就有 4 名 2 米以上的高大队员。这些高大队员奔跑速度快、动作灵活，凭借自身身高优势，在攻守上都给对方造成了很大的威胁。现代手球比赛的高空争夺是相当激烈的，因此，身高已成为运动员选材的重要条件之一。

二、速度成为了手球运动发展的主要趋向

手球比赛的突出特点是在速度上的对决，快速成为取胜的重要因素之一。快速不单单表现在反击速度上，也表现在阵地进攻方面，改变了以往的定位打法，实行快速穿插、多位打法，加快了配合的速度，缩短了阵地进攻的时间。防守速度的提高也正是因为快速进攻，想要更有效的保证攻击，进攻速度必须超过防守的反应运动速度。因而，攻守速度相互促进并不断地发展着。速度在以后手球运动发展中处在最关键的地位。

三、全面熟练的个人技术与技巧

快速穿插、移动进攻，要求运动员个人技术必须全面以及团队每个

人的技术配合。随着队员在场上的快速移动、穿插攻击，其进攻的职能也在不断变换，后卫可能插入底线攻击，边锋也可能跑到外线射门。因此，必须掌握多位置进攻的技术，掌握多种多样的射门方式，并要学会合理运用多种假动作。由于进攻中不断变换位置，所以打破了组织队员与单纯攻击射手的界限，要求运动员做到既能射门得分，又能巧妙的传球，掌握全面的个人技术与运用技巧。

四、战术打法更加机动灵活，战术运用更具有针对性

进攻中采用大幅度的转移传球，队员们不停地移动穿插，扩大进攻的点和面。当前外围远射距离已超过 10 米，由于外射攻击力的加强，为内线制造了更多的攻击机会，形成了强外助内的机动进攻。外线队员经常插入内线攻击，增加了内线的攻击实力。内线进攻的加强又给外围创造了较多的攻击机会，又起到了强内助外的战术作用的效果。外围攻击的加强迫使防守兵力向中间收缩，使边锋获得较多的攻击机会。边锋的战术行动牵扯防守阵线拉长，有效地策应外线切插进攻。如此，形成了各位置之间的多种有效的战术配合，丰富了战术方法，使战术更加机动灵活。同时，各优秀队结合自己的特点，在战术的运用上更具有针对性。如南斯拉夫队则用自己灵活快速的脚步移动，采用了“3——2——1”防守战术，扩大了防守范围，有效地遏制对方外围远射，并能切割外、内线的联系，极大地削弱了对方的进攻威力。苏联队采用的一线防守，把几名 2 米以上的高大队员部署在中间，凭借其高度，居中封堵来自正面的进攻，伺机反攻。高度与速度，技术全面与技巧熟练及灵活多变的战术打法是今后手球运动发展的主要趋向。

第四节　手球运动在中国的发展

中国的手球运动始于20世纪50年代中期的广东。1955年,位于广州的解放军体育学院将手球列入教学计划,在国内率先开始手球教学与训练。随后,北京体育学院等一些院校也开展了手球运动的教学。20世纪80年代初期,国内高水平的手球队增至30余支。目前,手球在国内约10个省市和解放军开展。

中国手球运动曾有过光辉的历史。1960年,组建不久的广州队和安徽队曾战胜过来访的世界亚军罗马尼亚男子手球队。

1979年,我国加入国际手球联合会。1982年和1984年,中国男女手球队曾分别获得亚运会冠军和第23届洛杉矶奥运会铜牌。

1982年至1995年,中国与韩国女子手球队交战12次,成绩为2胜2平8负。在1984年洛杉矶奥运会上,中国女子手球队与韩国队打成平手,获得洛杉矶奥运会铜牌,韩国获得亚军。

1986年,中国女手在第9届世界锦标赛上获得第9名。1988年汉城奥运会上我国女子手球队获第6名,韩国女子手球队获冠军。1992年,中国女手因负于日本队而没有取得奥运会比赛权。1995年,中国女手在世界锦标赛上没有进入前12名。

1996年是中国手球翻身的一年,女子手球遏制住多年的滑坡,在奥运会上获第5名。男子手球15年来第一次战胜韩国队,首次获得世界锦标赛的入场券。

在1998年曼谷亚运会的手球比赛中,中国男女手球队分别获得第6和第4名的成绩。之后也没有进入2000年悉尼奥运会。

2002年亚洲锦标赛和亚运会,中国女子手球队均获得第3名;而中国男队在 2002 年亚运会上仅得第 7 名；2004 年雅典奥运会获得第 8 名；2007 年世锦赛位列 21 名；2008 年北京奥运会获得第 6 名。

图 1－7

第二章

手球比赛基本知识

第一节　基本技术

手球基本技术包括进攻技术、防守技术和守门员技术。

一、进攻技术

进攻基本技术包括传接球技术、射门技术、突破技术和运球技术。

（一）传接球技术

传接球是手球比赛中队员之间有目的地转移球。比赛中多采用单手传球，根据出手部位、移动方式和动作结构的不同，分为原地、行进间、跳起的单手肩上传球、单手体侧传球、甩传、低手传球、背后传球、颈头传球等。而接球多是双手接不同高度的球，如接高球、接平球、接低球。

图 2－1

(二)射门技术

射门是得分的唯一手段,也是手球最重要的进攻技术。射门的方法很多,归纳起来有:(1)支撑射门,即有一只脚或两只脚支撑在地面的射门,如原地射门、垫步射门、交叉步射门、跑动射门等;(2)跳起射门,是为了争取空间优势和缩短距离摆脱防守队员的封挡,向上或向前跳起的射门技术;(3)倒地射门,是为了摆脱防守扩大射门角度和接近球门,采用身体极度前倾,在失去身体重心平衡的状态下,倒地完成射门。另外,根据出球部位还可分为高手射门、肩上射门、体侧射门、低手射门和反手射门。

图 2－2

（三）突破技术

突破是持球队员运用合理的移动技术超越防守人的方法，具有很强的攻击性，不仅可以直接射门，还可以打乱正常防守，为同伴创造进攻机会。根据突破的方向和动作结构的不同，分为同侧突破、异侧突破、跳步突破和转身突破。

图 2－3

（四）运球技术

运球是控制球的队员 1 次或多次按拍从地面反弹起来的球的动作方法，持球队员通过合理运球可以调节和衔接个人技术，扩大活动范围，提高技术运用的机动性和灵活性。运球分为直线运球和变向运球等。

图 2－4

二、防守技术

防守基本技术包括防守对手、封球、打球、抢球、断球。

(一)防守对手

防守对手是防守队员运用合理的移动技术抢占有利位置,利用身体以及适当地借助手臂阻挠和破坏对手进攻的行动。防守对手是个人防守技术的综合运用,分为防守持球队员和防守无球队员两种。

图2-5

（二）封球技术

封球是防守队员选择正确位置，利用手臂和身体来封挡对方射门球。用这种技术可以直接把球封住获得反击的机会，或者封挡住一定的角度，同守门员配合，破坏对方射门的准确性。封球技术有正面封球、侧面封球、跳起封球等。

图 2－6

（三）打球技术

打球是防守队员用单手突然准确地打掉对手控制着的球。分为打对方手中球和打运球两种。

图 2 –7

（四）抢球技术

抢球是争抢不属于任何一方的球。如抢封挡下来的球，抢守门员挡回和球门柱弹回的球等。其关键是积极抢占有利位置。

图 2 –8

（五）断球技术

断球是防守队员在准确判断的基础上，采用快速地移动截获对方传球。断球是发动快攻的最好时机，成功率高。断球一般有横断球和纵断球。

图 2-9

三、守门员技术

守门员基本技术包括基本姿势、位置选择、移动和挡球等。

（一）基本姿势

基本姿势是守门员为了及时封挡从不同方向射向球门的球，保持能随时向任何方向快速移动的姿势。

图 2 – 10

（二）位置选择

守门员的位置选择是封挡射门角度的关键。通常守门员应站在球门线前 0.5 米球和两球门柱连线所形成的夹角的分角线上。

图 2－11

(三)移动技术

守门员根据场上球的不停转移，为保持好正确的封挡角度，就必须不断地调整自己所处的位置，这就需要移动，守门员的移动技术有滑步、上步、跨步、跳步、交叉步等。

图 2－12

(四)挡球技术

守门员在移动选位的基础上封挡对方射向球门的球。一般有手臂挡球、脚腿挡球和手脚配合挡球等技术。

图 2－13

第二节　基本战术

攻守双方在进攻和防守时，根据手球运动的规律而确定的集体协调配合的组织形式，将手球战术分为进攻战术和防守战术两部分。

一、进攻战术

进攻战术包括进攻基础配合和全队进攻战术。

（一）进攻基础配合

进攻基础配合是二、三人之间的简单配合。这是全队进攻战术的基础，常用的有交叉换位、掩护、突破分球。

（二）全队进攻战术

全队进攻战术分为全队快攻战术和全队阵地进攻战术。快攻战术是最有效的进攻手段。

二、防守战术

防守战术包括防守基础配合和全队防守战术。

（一）防守基础配合

防守基础配合是二、三名防守队员之间组成的防守配合方法，常用的有关门、换防和补防配合。

（二）全队防守战术

全队防守战术包括防快攻战术和全队阵地防守战术。

防快攻战术是在进攻失败后全队立即有组织地转入防守，首先要防守对方的快攻。阵地防守战术主要是区域联防，每个防守队员按照预定的防守队形，分布在球门区线前的范围内，根据对方的攻击距离、攻击方式和攻击点，进行有组织地联合防守。

第三节 比赛场地、器材

一、比赛场地

手球比赛场地为长方形，长 40 米，宽 20 米，长界线称边线，短界线称端线。端线包括球门线（球门柱之间）和外球门线（球门的两侧）。球场两端线中央各放置一球门，球门前各有一扇形的球门区和一个比赛场区。场上的线均属于它们各自界定的场区的一部分，球门线为 8 厘米宽，其余各线为 5 厘米宽。

比赛场区周围应有安全区，离边线至少 1 米，离外球门线至少 2 米。国际手球联合会规定了手球场地地板的标准，但必须得到国际手联的正式批准和授权方可使用。

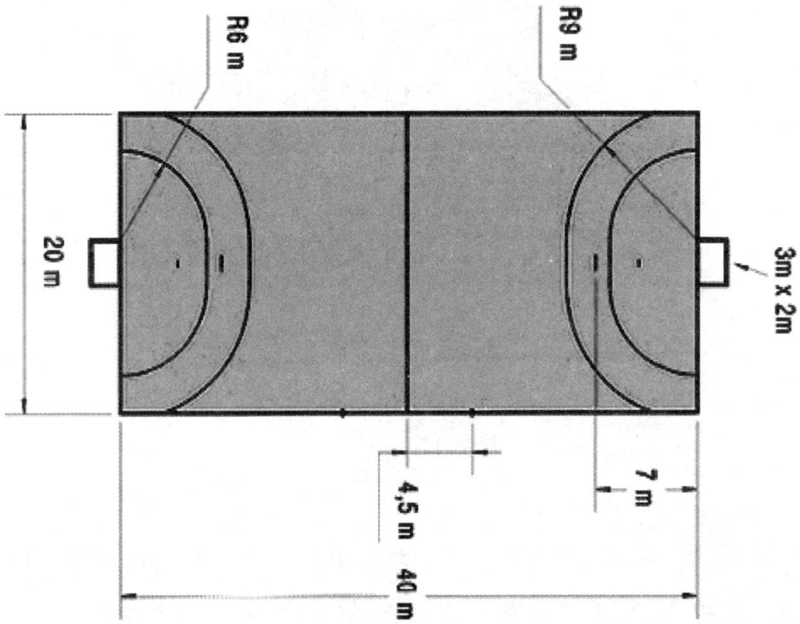

图 2－14

二、设施器材

（一）球

手球比赛用球需得到国际手联的正式批准并印有认可标志。国际手联标志为彩色，高 3.5 厘米和 OFFICIAL BALL（正式用球）字样。字样为拉丁字母，字体高 1 厘米。

奥运会男子手球采用 3 号球，周长 58 ~ 60 厘米，重 425 ~ 475 克；女子手球采用 2 号球，周长 54 ~ 56 厘米，重 325 ~ 400 克。

图 2 - 15

（二）球门

球门位于各自球门线的中央。球门内径高 2 米，宽 3 米。球门应用同样的木质、轻金属或合成材料制成。球门横梁和立柱的截面为 8 厘米 ×8 厘米。球门由对比鲜明的两种颜色（相间为 20 厘米，通常为黑色和白色、蓝色和白色、红色和白色）漆成，必须牢固地置于地面。球门立柱的后沿应与球门线的外沿齐平。

球门内应缚挂一张网，使掷入球门的球不会立即弹回。在球门后1.5米处，应挂一张宽9～14米，高5米的垂直挡网。

图2－16

第四节 手球比赛基本规则

一、时间

手球比赛时间分为上、下半时，各为30分钟；中间休息时间通常为10分钟。上、下半时每队各有一次暂停（只有本方获有持球权，方可获得暂停时机，即向记录台递交暂停申请牌），暂停时间为1分钟。如果在正常比赛时间结束时双方打成平局，而竞赛规程要求必须决出胜方，则在休息5分钟后进行决胜期的比赛。决胜期由两个5分钟组成，中间休息 1 分钟(双方交换场地)。如果第一个决胜期后仍为平局,休息 5 分钟后再进行第二个决胜期的比赛。第二个决胜期仍为两个 5 分钟,中间休息 1 分钟。如果第二个决胜期后仍为平局,将选定一方球门进行掷罚 7 米球,以决出胜方。即双方各出 5 名队员,分别依次掷罚;如仍为平局,则将进行 1 对 1 掷罚,直至决出胜方。

二、球队

奥运会手球比赛每队只允许报名 15 名队员,每场比赛在记录表报名登记 14 名队员。所有进场人员应遵守在本方换人区进行换人的原则,如违反此规定,违例队员将被判罚出场 2 分钟。比赛时,上场队员为 7 名,其中 6 名为场上队员,场上必须自始至终有 1 名守门员。被认定为守门员的队员可以随时成为场上队员,同样,场上队员也可以随时充当守门员。守门员服装颜色要与场上队员明显区别,队员号码不变。

比赛中的任何时间内场上队员都不得超过 7 名,剩下的 7 名为替补队员,必须坐在替补席上。坐在替补席上的还有随队官员,如领队、教练、队医等,总数不得超过 4 人。随队官员中必须指定 1 人为“球队负责人”,仅允许该官员与计时员/记录员讲话,或在必要时与裁判员讲话。

随队官员未经允许不得进入场地,如违反此规定将作为非体育道德行为受到处罚。手球运动员的号码规定为 1 ~ 20 号。规则没有规定运动员必须使用哪一个号码,但按照习惯,守门员通常使用 1 号、12 号和 16 号。

三、主要罚则

手球规则规定,只允许守门员进入球门区,不允许攻守双方队员进入球门区获利。但进攻队员在完成射门动作,球出手后进入球门或防守队员在不获利的情况下,进入球门区可以不受罚。

四、违例

手球规则规定，允许进攻队员持球走 3 步，运球后还可走 3 步，持球不得超过 3 秒。如违犯，将被判违例。手球比赛中，双方换人不需经过记录台和裁判员允许，只要遵守在本方换人区内，先下后上原则即可。如违犯，则违例的队员要被判罚出场 2 分钟，并在受罚时间内其他队员不能替换，即场上减员。

五、犯规

手球规则允许防守队员用张开的手臂进行防守，用手拨开对方手中的球，但不允许用拳头击打对方手中的球。防守队员可以用身体阻挡对方持球或不持球队员的移动；可以用弯曲的手臂从正面接触进攻队员。但不允许使用推、拉、抱、撞、打、绊等动作，不允许故意向对方身上掷球。

六、处罚

手球竞赛规则对犯规动作判罚的最大特点主要体现在逐步升级的原则。对采取犯规动作的行为，判罚的程度要逐步加重。

手球竞赛规则，对运动员犯规的处罚有 4 种：警告、罚出场 2 分钟、取消比赛资格、开除出场。根据犯规时的情况，可判给对方任意球或 7 米球。手球比赛由 2 名权力相等的裁判员共同负责。

第三章

手球运动综合知识

手球的国际赛事主要有奥运会手球比赛和世界锦标赛。

第一节　手球运动的重要国际赛事

历届男子手球(室外)世界锦标赛排名表

年份	举办地	冠军	亚军	季军	殿军	第五名	第六名	第七名	第八名
1938	德国	德国	瑞士	匈牙利	瑞典	罗马尼亚	捷克	波兰	丹麦
1948	法国	瑞典	丹麦	瑞士	法国				
1952	瑞士	德国	瑞典	瑞士	奥地利	丹麦	荷兰		
1955	东德	联邦德国	瑞士	捷克	瑞典	南斯拉夫	萨尔	瑞士	法国
1959	奥地利	德国	罗马尼亚	瑞典	奥地利	瑞士	丹麦	匈牙利	

1963	瑞士	民主德国	联邦德国	瑞士	波兰	奥地利	荷兰	以色列	美国
1966	奥地利	联邦德国	民主德国	奥地利	波兰	瑞士	荷兰		

历届男子手球世界锦标赛(室内)奖牌榜

年份	举办地	金牌	银牌	铜牌
1938	德国	德国	奥地利	瑞典
1954	瑞典	瑞典	德国	捷克斯洛伐克
1958	民主德国	瑞典	捷克斯洛伐克	瑞士
1961	德国	罗马尼亚	捷克斯洛伐克	瑞典
1964	捷克斯洛伐克	罗马尼亚	瑞典	捷克斯洛伐克
1967	瑞典	捷克斯洛伐克	丹麦	罗马尼亚
1970	法国	罗马尼亚	民主德国	南斯拉夫
1974	民主德国	罗马尼亚	民主德国	南斯拉夫
1978	丹麦	联邦德国	苏联	民主德国
1982	德国	苏联	南斯拉夫	波兰
1986	瑞士	南斯拉夫	匈牙利	民主德国
1990	捷克斯洛伐克	瑞典	苏联	罗马尼亚
1993	瑞典	俄罗斯	法国	瑞典
1995	冰岛	法国	克罗地亚	瑞典
1997	日本	俄罗斯	瑞典	法国
1999	埃及	瑞典	俄罗斯	南斯拉夫
2001	法国	法国	瑞典	南斯拉夫
2003	葡萄牙	克罗地亚	德国	法国
2005	突尼斯	西班牙	克罗地亚	法国

历届女子手球(室外)世界锦标赛排名表

年份	举办地	冠军	亚军	季军	殿军	第五名	第六名
1949	匈牙利	匈牙利	奥地利	捷克	法国		
1956	德国	罗马尼亚	德国	匈牙利	奥地利	南斯拉夫	法国
1960	荷兰	罗马尼亚	奥地利	德国	荷兰	丹麦	波兰

历届女子手球世界锦标赛(室内)奖牌榜一览

年份	举办地	金牌	银牌	铜牌
1957	南斯拉夫	捷克斯洛伐克	匈牙利	南斯拉夫
1962	罗马尼亚	罗马尼亚	丹麦	捷克斯洛伐克
1965	西德	匈牙利	南斯拉夫	西德
1971	荷兰	东德	南斯拉夫	匈牙利
1973	南斯拉夫	南斯拉夫	罗马尼亚	苏联
1975	苏联	东德	苏联	匈牙利
1978	捷克斯洛伐克	东德	苏联	匈牙利
1982	匈牙利	苏联	匈牙利	南斯拉夫
1986	荷兰	苏联	捷克斯洛伐克	挪威
1990	韩国	苏联	南斯拉夫	东德
1993	挪威	德国	丹麦	挪威
1995	奥地利/匈牙利	韩国	匈牙利	丹麦
1997	德国	丹麦	挪威	德国
1999	挪威/丹麦	挪威	法国	奥地利
2001	意大利	俄罗斯	挪威	南斯拉夫
2003	克罗地亚	法国	匈牙利	韩国
2005	俄罗斯	俄罗斯	罗马尼亚	匈牙利
2007	法国	俄罗斯	挪威	德国

历届奥运会手球比赛奖牌榜

时间	届数	举办城市	男子冠军	男子亚军	男子季军	女子冠军	女子亚军	女子季军
1936	11	柏林	德国	奥地利	瑞士			
1972	20	慕尼黑	南斯拉夫	捷克斯洛伐克	罗马尼亚			
1976	21	蒙特利尔	苏联	罗马尼亚	波兰	苏联	民主德国	匈牙利
1980	22	莫斯科	民主德国	苏联	罗马尼亚	苏联	南斯拉夫	民主德国
1984	23	洛杉矶	南斯拉夫	联邦德国	罗马尼亚	南斯拉夫	韩国	中国
1988	24	汉城	苏联	韩国	南斯拉夫	韩国	挪威	苏联
1992	25	巴塞罗那	独联体	瑞典	法国	韩国	挪威	独联体
1996	26	亚特兰大	克罗地亚	瑞典	西班牙	丹麦	韩国	匈牙利
2000	27	悉尼	俄罗斯	瑞典	西班牙	丹麦	匈牙利	挪威
2004	28	雅典	克罗地亚	德国	俄罗斯	丹麦	韩国	乌克兰
2008	29	北京	法国	冰岛	克罗地亚	挪威	俄罗斯	韩国

第二节　手球运动观赏礼仪

手球运动是一项快速、连续、激烈的对抗性球类集体项目。

在观看比赛时，需要观众提前入场就座，因为这是对运动员、教练员、裁判员最起码的尊重；所以举止要文明，着装也应大方得体；在赛场不要出现带有侮辱性的语言或向场内乱扔杂物的现象；饮料、食物最好是软包装的，垃圾要用方便袋或纸袋自行带出；要注意适当控制自己的情绪，不要失控。

比赛中攻守转换瞬间即逝，在激烈的对抗中，双方身体接触频繁，只要持球队员身体没有失去平衡，仍能控制球并继续进攻，裁判员就不会中断比赛。

在激烈对抗的手球比赛中，场上紧张的气氛会强烈感染观众，同时，观众也应对运动员在场上的顽强拼搏精神给以掌声鼓励。

手球比赛中，进攻队员之间的传接球花样繁多，多样、准确的射门动作更是令人赏心悦目。各种各样的鱼跃、倒地和滚翻射门技术，在手球比赛中屡见不鲜。防守队员的封挡球、堵截进攻，以及守门员神勇的扑球救险使得比赛精彩纷呈。对手球运动了解不多的观众，可从这些方面欣赏，并对队员精彩的传球配合、成功的射门，以及出色的防守给予热烈的掌声。同时，还可以领略到双方运动员在赛场上的友好举止和文明礼仪。

对手球有一定了解和精通的观众，除欣赏运动员个人的攻防技术外，还可从全队整体战术运用的层面上观赏手球比赛。

在比赛场地内禁止吸烟，手机要关机或设置在振动、静音状态。

在比赛进行中，观众应服从组织或者单位的安排，尽量不要站起来或来回走动，更不要大声谈笑、嬉戏；要为运动员打出精彩的球而欢呼喝彩，但不要因运动员一时的失误而起哄或发出嘘声，要能同时欣赏双方运动员的精彩表现。在运动员罚球时,观众最好保持安静,不要扰乱运动员的情绪,罚球后再喝彩鼓掌。

比赛结束后,退场应有序,应礼让老弱妇幼,不要拥挤,始终做文明观众。

第三节　手球运动的生理卫生与健康常识

在手球运动中,常见损伤主要有:踝关节损伤、膝关节损伤、肩关节损伤等。

一、踝关节扭伤

踝关节的扭伤是手球运动外伤中最容易发生的损伤之一,主要是因为手球运动的跳跃较多,对抗较为激烈,运动员处于腾空状态时,脚就自然有绷脚尖、脚内翻的倾向。如果落地重心不稳,向一侧倾斜或踩在他人的脚上或踩球或急停、急转、冲撞或因场地不平场地过滑而引起的急性踝关节扭伤。这种损伤就会因脚的前外侧着地、内翻,而导致外侧副韧带的损伤。

预防这种损伤主要要加强脚部和踝关节周围小肌肉群的力量训练,能对踝关节起到一定的保护作用。另外,护踝等护具对踝关节也有一定的保护作用。

二、膝关节损伤

膝关节的损伤主要有:膝关节脱位、半月板损伤和侧副韧带损伤。膝关节脱位主要是因为剧烈冲撞力用于股骨下端或经股上端所致;半月板损伤主要是因为关节不协调的旋转和伸屈运动;受到外力冲击或不协调的旋转也易造成侧副韧带损伤。

预防膝关节损伤要尽量避免对膝关节的冲撞，要合理地安排负荷，在运动中可以带护膝等护具。

三、肩关节损伤

肩关节的损伤主要是肩袖损伤。肩袖损伤是以上肢运动为主的运动员常见的运动损伤之一，以慢性损伤为主。肩袖肌腱的主要功能是使肱骨头紧密靠着肩关节盂，起稳定肩关节作用及协调三角肌实现上肢外展的功能。反复超常运动使肩袖肌腱与骨、韧带不断摩擦，或肌肉的反复牵拉使肌腱、滑囊发生微细损伤，劳损甚至撕裂。

预防肩部损伤要平衡肌肉力量，加强内旋肌肉群和伸肌群的力量练习，需要适当加强外旋肌肉群和肱二头肌的力量，加强肩关节力量训练的同时要注意加强柔韧性练习。在进行肩部练习之前，要进行充分的热身活动，这对预防肩关节损伤非常重要。

棒 球 篇

第一章

棒球运动的概述

棒球运动是一项以棒打球为主要特点，集趣味性与竞技性于一体，对抗性很强的集体球类运动。它在国际上广泛开展，影响力较大，被誉为“时间与距离的竞争，竞技与智慧的结合”。

第一节　棒球运动的起源与发展史

一、棒球运动的起源

虽然对棒球运动的起源问题一直存在争议，但是更多的历史学家认为棒球运动起源于英国的板球（Cricket，也称圆场球 Rounder）。

1839 年，美国人阿布纳·窦布戴伊（Abner Doubleday）组织了第一场与现代棒球运动十分相仿的比赛。

图 1－1　阿布纳·窦布戴伊

1845 年,25 岁的美国人亚历山大·乔伊·卡特赖德(Alexander Joy Cartwright)为了统一名称和打法,制定了第一部棒球竞赛规则。规则中的场地图形、尺寸以及多数条文至今仍在沿用,并正式采用了棒球(Baseball)这一名称,也一直沿用至今。因此,棒球运动的创始人是亚历山大·乔伊·卡特赖德。

图 1 - 2　亚历山大·乔伊·卡特赖德　图 1 - 3　最早的棒球规则记录

二、棒球运动的发展

1846 年 6 月 19 日在美国新泽西州荷勃根(Hoboken)举行了第一场正式的棒球比赛。

图 1 - 4　棒球运动诞生地 Hoboken

1869 年,美国出现了第一支职业棒球队——辛辛那提市红袜棒球队(Cincinnati Red Stockings)。

图 1－5　红袜棒球队

1871 年美国成立了“国家职业棒球运动员组织”,1876 年该组织改为“国家联盟”。

图 1－6　国家联盟徽标

1901 年成立另一个全国性的职业棒球组织——“美国联盟”。

图 1－7 美国联盟徽标

1903 年国家联盟和美国联盟统一了赛制、规则和管理机制。1920 年美国的职业棒球联盟被称为“大联盟”(Major League Baseball,MLB)。

图 1－8　大联盟徽标

1910 年,时任美国总统威廉姆 · 霍华德 · 塔夫脱(William Howard

Taft）正式批准棒球运动为美国的“国球”。

图 1－9　威廉姆·霍华德·塔夫脱

1938 年，成立了世界棒球协会，后改为国际棒球联合会，总部设在美国，是世界业余棒球运动的最高领导机构，会员国和会员地区已由 20 世纪 70 年代的 50 多个增加到现在的 112 个。1978 年国际棒球联合会得到国际奥委会的承认。国际棒球联合会于 1994 年将总部迁至瑞士洛桑。

图 1－10　国际棒球联合会徽标

国际棒球联合会的宗旨是推动、促进和发展世界的业余棒球运动，加强协会会员间的联系与合作。

国际棒球联合会的最高权力机构是代表大会，至少两年召开一次，在世界业余棒球锦标赛和洲际杯赛期间举行。每个协会可派 3 名代表参加，但是只有 1 票表决权。

执委会是国际棒球联合会的领导机构，是由主席、3 名副主席、秘书长、执行主任、3 名委员和 5 名来自美洲、欧洲、亚洲、大洋和非洲联合会副主席组成。执委会成员由代表大会选出，并且来自不同的国家。现任国际棒联的主席是美国人哈维·席勒(Harvey Schiller)。

图 1－11　哈维·席勒

国际棒球联合会设有法律委员会、技术委员会、发展委员会、青年委员会、裁判委员会和医务委员会。

在国际棒球联合会的推动下，现在棒球运动已传播到全世界各地，有 100 多个国家和地区开展了棒球运动。棒球在古巴、日本、韩国、南美洲、欧洲及大洋洲等地非常受欢迎，他们都属于棒球强国。

棒球运动在奥运会中的发展史比较曲折，它曾经在 1912 年斯德哥尔摩奥运会、1936 年柏林奥运会、1956 年墨尔本奥运会、1964 年东京奥运会、1984 年洛杉矶奥运会、1988 年汉城奥运会上都只作为表演项目出现。芬兰式棒球在 1952 年赫尔辛基奥运会上也曾作为表演项目。1992

年巴塞罗那奥运会上棒球运动成为正式比赛项目。但由于种种原因，国际奥委会分别于2005年和2007年的全会上宣布，棒球不再被列入2012年伦敦奥运会和2016年奥运会比赛项目。

第二节 棒球运动的特点与魅力

棒球运动的特点和魅力主要体现在以下几个方面：

第一，棒球是充满快乐的运动，从挥棒击球开始，到跑动上垒，在动作配合之间激发了成就感和愉悦感，带给生活无限乐趣。

图1－12

图1－13

第二，棒球运动是一项参与面较广的运动，它能够突破性别、疆域、阶层、文化、年龄的差异，任何人都可以参与棒球，感受棒球，享受棒球。

图1－14

图1－15

图1－16

图 1－17

图 1－18

图 1－19

第三，棒球运动不仅可以锻炼身体素质，在竞技战术中也培养了人的灵敏性，增进心智的成熟，是技术与智慧的完美结合。

图 1－20

图 1－21

第四，棒球融合了当今世界最流行的时尚元素，许多明星出入公共场合时，都穿着、佩戴美国职业棒球大联盟 MLB 著名棒球队的服饰。棒球树立起时尚与活力潮流的风尚标，特别为年轻一族所喜爱。

图 1－22　　　　图 1－23

第五，在棒球运动中，强调队员与同伴之间的配合，体现协作互助的团队精神。棒球可以消除同事、朋友间的隔阂，增进信任和友谊。队员共同分享棒球运动的乐趣，棒球的这一特点在所有体育运动中十分突出。

图 1－24　　　　图 1－25

第六，棒球运动也是培养良好亲子教育的方式。家人周末共同打棒球的生活方式已经成为美国文化的重要部分。在家人棒球比赛的互动中，长辈是晚辈的榜样，通过这样的方式增强家人之间的沟通，让孩子在一个健康和谐的环境中茁壮成长，并传承和谐家庭和快乐生活的理念。

图 1－26

图 1－27

图 1－28

第三节　棒球运动在中国

棒球在中国具有悠久的历史。100 多年前，棒球就传入了中国。关于棒球在中国可考的历史最早可追溯到 1863 年，美国传教士 Henry Williams Boone 创建了上海棒球俱乐部，俱乐部的会员大部分是美国人，只有小部分中国人。

图 1－29

1873 年清政府派遣了上百名留学生到美国学习。这些留学生将美国棒球运动，以及他们对棒球的热爱带回了中国。中国工程师詹天佑在美国耶鲁大学留学时（1877 年 – 1881 年）组织“中华棒球队”，后来从美国，日本归国的华侨及留学生把棒球运动带回祖国。

1895 年北京汇文书院成立棒球队。

1905 年上海圣约翰书院和青年会两个华人队在上海青年会体育场举行了我国最早的棒球比赛，结果上海圣约翰书院获胜。

1907 年北京汇文书院与通州协和书院进行的棒球比赛，这是中国最早的一次校际棒球比赛。

1913 年，中国队参加了首届远东运动会，获得了棒球项目第三名的好成绩。

中华人民共和国成立前的全国运动会也有棒球比赛，参加比赛的运动员多为学生。抗日战争期间，八路军曾在陕北、晋察冀等抗日根据地开展过棒球运动。

1952 年第一届全军运动会中就有棒球比赛。

1959 年的第一届全国运动会上，棒球被列为正式比赛项目，当时有 23 个省、市和解放军代表队参加了比赛，最终北京队获冠军。除第二届和第五届全运会没有设棒球比赛项目外，其他各届全国运动会都将棒球设为正式比赛项目。

中国棒球协会于 1981 年 3 月加入国际棒球联合会，1985 年加入亚洲棒球联合会。以省市代表队优秀队员组成的中国国家棒球队自 1985 年第一次参加亚洲棒球锦标赛以来，一直排在第四名的位置上。1990 年和 1991 年，我国成功地举办了第 11 届亚运会棒球表演赛和第 16 届亚洲棒球锦标赛。这标志着我国棒球运动的国际地位逐步提高。

在 MLB 教练 Jim Lefebvre 和 Bruce Hurst 的专业指导下，2005 年亚洲棒球锦标赛上，中国队战胜韩国队取得第三名，实现了历史性的突破。在 2008 年北京奥运会上，中国队以 8:7 战胜了雅典奥运会第五名中华台北队，这是第一次亮相奥运赛场的中国队取得的首场胜利。在 2009

年世界棒球精英赛上，中国国家棒球队再次战胜中华台北队。

图 1－30

2003 年中国创办了自己的棒球联赛 CBL，参赛队分别为北京猛虎队、天津雄狮队、上海金鹰队、广东猎豹队 4 支球队。2005 年 CBL 联赛扩充了四川蛟龙队、希望之星队两支队伍，联赛队伍扩展到 6 支球队。2009 年河南吉象队成为中国棒球联赛第 7 支球队。通过 6 年的联赛磨练，中国的棒球水平有了较大的提高，逐渐缩小了与世界强队的距离。

图 1－31　各队队标

2007 年美国职业棒球大联盟 MLB 来到中国发展青少年棒球，先后在国内 100 多所小学开展组织棒球活动和比赛，目的是为了让更多的孩子了解棒球，喜欢上棒球，通过对青少年棒球运动的推广与培养，促进中国棒球运动的发展。

第二章

棒球基本技术

棒球个人基本技术分为两类：防守技术和进攻技术。防守基本技术主要有传球和接球技术；进攻基本技术主要有击球、跑垒和滑垒技术。

第一节　防守基本技术

棒球防守基本技术包括传球和接球技术。

一、传球

传球包括肩上传球、侧手传球、下手传球、抛球，其中肩上传球和侧手传球是最基本也是最常用的，抛球和下手传球在近距离传球时使用。

图 2－1

图 2－2

(一)球的握法

要想让自己的队友很好地接住自己的传球,首先要握好球,掌握正确的握球方法,可以减少传出球的飞行轨迹的变化。一般传球采用四线握球法。

1. 动作方法

中指与食指自然分开约一手指距离握在球上方的横向线缝上,拇指握在球下方的横向线缝上,无名指和小拇指自然弯曲贴在球的一侧。

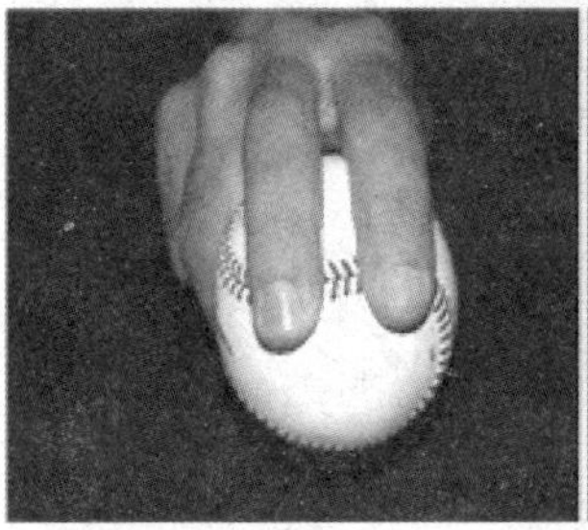

图 2-3

图 2-4

图 2-5

2. 注意事项

握球时力度要适当,不能太紧太用力,也不能太过放松。太紧太用力容易导致手腕僵硬,影响球的速度和准确性。太过放松球容易滑脱。

(二)肩上传球

1. 特点

(1)肩上传球是最基本的传球,要求传出去的球准而平。

(2)用力方式与肢体动作符合人体结构和人体力学原理,不易受伤。

(3)传出的球快、远,适合中、远距离的传杀。

(4)肩上传球掌握不好,球传出去多会出现高、低偏差。

2. 动作方法

传球前首先要设定明确的传球目标,有了目标才能增加自己的控球力,也能方便队友更容易接到你的传球。一般传球目标为自己队友的胸部。

(1)身体在自然放松的状态下开始传球动作，膝盖弯曲降低重心，降低后重心向后腿移动。

图 2－6

图 2－7

(2)移动重心的同时传球手臂向后摆动把球举起，戴手套手臂的肩膀要对准传球目标，前脚自然向前踏出与肩宽相等的距离。

图 2－8

图 2－9

图 2－10

(3)承受重心的前脚掌转动带动膝关节,膝关节再带动腰部旋转,旋转到身体正对目标时把球投向目标。

图 2－11

图 2－12

图 2－13

(4)球出手后手臂循着挥臂轨迹自然放松下垂。

图 2－14

图 2－15

3. 注意事项

(1)从传球开始到结束,眼睛始终注视目标。

(2)保持身体自然放松,不要太着急发力,体会动作发力的顺畅性。

(3)传球手臂在出球之前,肘关节不能低于肩部,否则容易受伤;也不可举得过高,举得太高肩部肌肉容易僵硬。

(4)保持好身体的平稳,前肩不能上仰。

(5)传球手臂举起时,球与手掌心应朝向外侧和后侧。

(6)球的发力方向应该是由后向前对着目标发力。

(7)眼睛能够观察到球的出手点。

(三)侧手传球

1. 特点

(1)侧手传球适用于中短距离的传球和需要快速出手传球的局面。

(2)侧手传球动作比较快,常用于内场手的传杀、双杀当中。

(3)侧手传球掌握不好,传出的球大多会出现左右的偏差。

(4)侧手传球要求要有比较好的手腕力量。

2. 动作方法

侧手传球过程,一般侧手传球是连贯在接球动作上的,侧手传球时手臂是横向挥臂出球,出手点的位置在胸口前方。

图 2-16

图 2-17

图 2-18

图 2－19

图 2－20

图 2－21

图 2－22

图 2－23

图 2－24

二、接球

棒球比赛中有很多精彩漂亮的接球和传球画面，使棒球有了很高的观赏性。接球和传球是防守技术的统一体，两者相互结合完成防守任务。接球的技术由接球的准备姿势、接球点、接球移动步法、接球手法组成。

(一)准备姿势

1. 先选好自己的防守站位。

2. 两眼注视投手,两腿分开与肩同宽,双腿半蹲。

3. 双手自然下垂。

4. 投手将球投出,两眼跟着球转移注视击球员的击球,重心进一步降低,身体前倾。原地1~2个小碎步,有利于快速起动。

图2-25

(二)各种动作方法

根据来球的方向和球的飞行路线,接球基本技术分为接地滚球、接平直球、接高飞球。

图 2 – 26　　　　图 2 – 27　　　　图 2 – 28

1. 接地滚球

(1)接球点

以自己的左右脚和接球点来设定一个等腰三角形，左右脚的连接线为底线，等腰三角形的顶点为接球点，且接球点应放在眼睛视线的前面。

图 2 – 29

(2)手法

手套五指朝前,另一只手随时准备护球和接到球后拿球。接球时手套最好由下往上接球。

图 2－30

(3)注意事项

眼睛不能离开来球,随时注意球路的变化,重心要降低放在膝关节上,身体自然放松。接前面慢的地滚球时移动要先快后慢,调整好步伐与节奏。接球的目的就是不能让球从你的防守位置穿越过去,即使球乱弹也要想办法用身体挡住。

2. 高飞球

(1)接球点

弧度大的球,接球点放在接球手一侧的额前方约 20 厘米;弧度小的球放在胸前接球;若遇到球正对太阳时,注意用手套、手或者棒球帽来遮挡,不要直视太阳,用眼角余光来寻找球路和落点。(条件好的可以佩戴太阳眼镜)

图 2 - 31

(2)手法

手套五指朝上,接球时手臂放松不要太直,眼睛不能离开球。

图 2－32

(3)注意事项

判断球的方向,球在左方就先出左脚,球在右方就先出右脚,移动到球的落下位置接球。接球时身体放松,重心自然下降。有风的时候,要注意风向变化和球的变化。

3. 接平直球

(1)接球点

接球点一般放在胸口和头部附近,用膝部来调整高低接球。

图 2－33

(2)注意事项

因为来球较快,所以眼睛要盯住球,反应要快,注意力要集中,身体要放松,重心不可太高。

第二节　进攻基本技术

棒球进攻基本技术包括击球、跑垒和滑垒技术。初学者重点掌握击球和跑垒技术。

一、击球

击球是棒球比赛中进攻的开始，也是难度最大的技术和棒球比赛制胜的关键。参与棒球运动的人大多数都喜欢击球，因为棒球运动最吸引人的地方就是进攻时的乐趣和激情。

按照面对投手站位方向的不同，击球方式可以分为左打和右打。比赛中右打击球方式比较常见，即在打击的时候身体的左侧朝向投手，左打则反之。

以右打击球方式为例。击球主要由握棒、准备姿势、引棒、挥棒起动、击中球、随挥动作组成。

（一）握棒

两手握棒，左手在下，右手在上，两手靠紧。

图 2－34

（二）准备姿势

两脚分开与肩同宽，双膝微曲。球棒立于右肩前，左臂横于胸前，离胸一拳距离，头部转向投手，球棒与地面大约呈45°倾斜，重心放在右脚。

图2－35

（三）引棒

轻掂起左脚，保持身体平衡身体，身体肌肉微微紧张，准备挥棒。

图 2－36

（四）挥棒起动

当球快达到身体的时候，左脚迅速伸踏，挺直，后脚脚尖撑地并内转，膝关节弯曲，便于发力。左手拉动球棒，右手推球棒，向球的方向挥击。

图 2－37

图 2－38

（五）击中球

右脚脚尖发力，左脚支撑住，髋部打开，发力下棒，眼睛盯球，切实击中球。

图 2－39

（六）随挥动作

击中球后，保持双手握棒继续挥动，左手向上翻腕，右腕向下翻腕，直至把棒收于左肩后面。

图 2－40

二、跑垒

跑垒是棒球进攻技术中的重要一环。击球员将球击出后要上垒，上了一垒还要继续向二垒、三垒进发，直到本垒才能达到进攻得分的目的。

击球是上垒得分的前提，上垒和得分都靠跑垒。

击球员击出了界内球，立即从击球区起动跑向一垒。这时，击球员就变成击跑员，在安全到达一垒后又变为跑垒员，跑垒员继续向二垒、三垒跑进，最后到达本垒。

跑垒技术主要由起跑、冲刺跑垒、踩垒包、减速停止等环节组成。

（一）起跑

在击中球后不要立即找球，果断地把球棒放在界外区域，马上起动跑向一垒。在跑动的同时找球，确认球击到界内区域。

图 2 - 41

(二)冲刺跑垒

大幅度摆臂,迈开步子跑向一垒,不要犹豫,加速向一垒冲刺跑。

图 2 - 42

(三)踩垒包

用前脚踩垒包的安全侧(外侧),踩过后继续向前跑通过垒包。

图 2 - 43

（四）减速和停止

通过垒包后，小步减速，观察一垒防守队员是否接到球，确定是否能跑二垒。

图 2－44

第三章

棒球比赛基本知识

棒球是一种团体运动，比赛队员分为攻、守两方，比赛九局（青少年七局），守方利用投球，手套接传球防守；进攻方利用球棒击球跑垒进攻，成功跑回本垒得一分；比赛中轮流攻守，九局比赛中得分多的队胜出。

第一节　场地、器材

一、棒球场地介绍

棒球比赛场地呈直角扇形，土质要求松软。正式比赛场地内场部分为土质，外场部分为草皮（也有全部为草皮的场地，但跑垒路线必须为土质）。场地应布置接手区、击球员区、跑垒指导员区、跑垒限制线、准备击球员区、比赛有效区（野传球线）、本垒打线和草地线。

内场每边垒间距离为 27.43 米。投手板的前沿中心和本垒尖角的距离为 18.44 米。本垒后面和两边线以外不少于 18.29 米的范围内为界外的有效比赛地区。两边线至少长 97.54 米。两边线顶端连结线的任何一点距本垒尖角的距离都不应少于 97.54 米。

本垒尖角后 18.29 米处应设置后挡网。网高 4 米以上，长 20 米以上。场地周围设置围网，高度 1 米以上为宜。

图 3－1　标准场地

各级棒球场对比简表

距离	少儿棒球			青少年棒球	成人棒球
	世界少棒联盟	小马联盟野马级	软式棒球	小马联盟小马级	标准球场
垒包与垒包之间距离	18.29 米	21.34 米	23 米	24.38 米	27.43 米
投手板到本垒板距离	14.02 米	14.63 米	16 米	16.46 米	18.44 米
左右外野到本垒板距离	60.96 米以上	68.58 米以上	70 米以上	91.44 米以上	97.54 米以上
中外野到本垒板的距离		83.82 米以上	85 米以上	106.68 米以上	121.92 米以上

二、棒球器材介绍

(一)球

根据比赛人员的年龄和场地要求,球分为硬式棒球、软式棒球和安全球。

1. 硬式棒球

硬式棒球的重量在141.87～148.87克,周长22.9～23.5厘米;现在比赛用球外皮为牛皮包裹,麻线缝制;内里为橡胶球芯或软木球芯被棉毛线缠制。

图3－2　硬式棒球

2. 软式棒球

软式棒球为空心橡胶制成,分为A、B、C、D四种型号。A号是一般常见的软式中空球,B、C及D号球则是专供少棒使用的软式中空球。软式棒球目前使用较少,只会出现在少棒及青少棒相关赛事中。一般初学者都选择打软式棒球,因为软式棒球比较小,重量也较轻,不容易受伤,熟悉软式之后再打硬式棒球比较安全。

图 3－3　软式棒球

3. 安全球

安全棒球为 PU 发泡的软球，安全球不受场地限制，是少儿体验棒球运动以及普及入门很好的选择。

图 3－4　安全球

（二）球棒

球棒有木棒、金属棒和EVA发泡球棒。职业比赛多使用木棒，木棒技术要求比较高，掌握不当容易断棒；业余棒球队一般使用金属棒；EVA发泡软棒配合安全球使用。

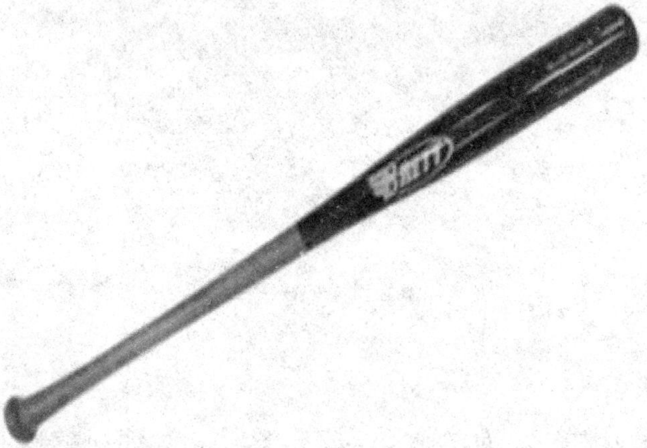

图3－5　木棒球棒

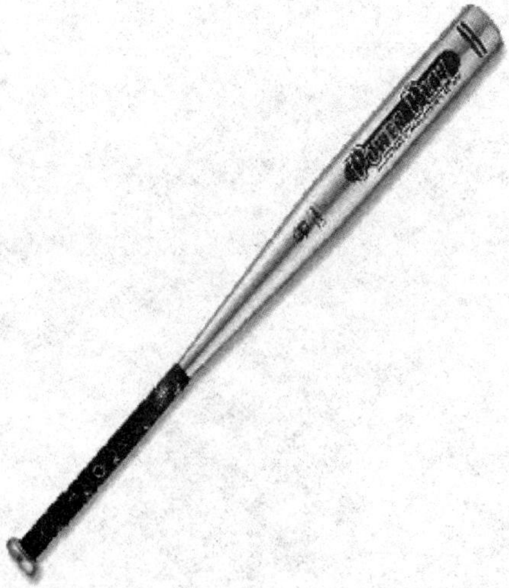

图3－6　金属球棒

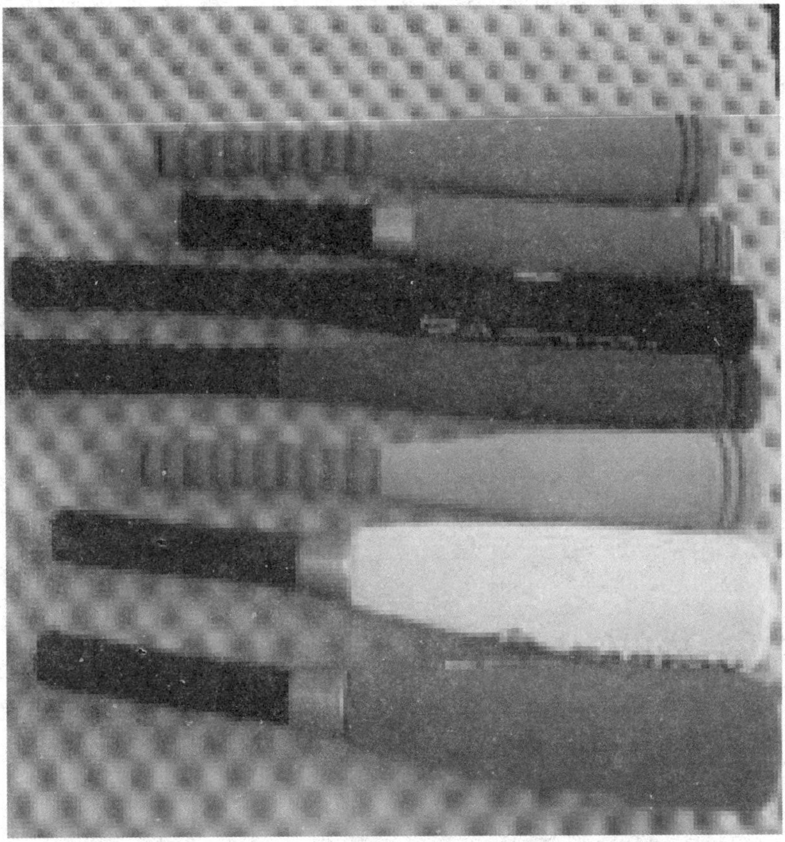

图 3－7　发泡软棒

（三）手套

手套按套型分为两大类：分指手套和连指手套；分指手套一般为投手、除一垒手外的内场手、外场手位置使用；连指手套为接手和一垒手使用。手套重量没有限制，但是大小有限制，选择手套要根据自己的手型选择大小。

手套的材质多种多样，一般由小牛皮、牛皮、猪皮、PU 和 PVC 材料制成，皮质的手套相对来说手感较好也很耐用。

戴手套不宜太深或太浅，以能灵活操作为准，使用手套接球时，应尽量把球接到手套虎口部位。

图3-8　投手手套

图3-9　内场手手套

图 3－10　外场手手套

图 3－11　接手手套

图 3－12　一垒手手套

（四）护具

为了保护好球员在比赛中的安全，就要佩戴好护具。护具有接手面罩、头盔、护喉、护胸、护腿和护裆，主要为保护接手使用，进攻球员必须佩戴击球头盔，击球时也可佩戴护肘和护踝。

图 3－13　面罩

图 3－14　头盔

第二节　棒球竞赛基本规则术语

棒球竞赛规则内容较多,下面介绍最基本最常用的规则术语:

一、出局

出局就是进攻球员在一个进攻局面中被裁判取消继续进攻的资格。进攻方在一个半局中被判三人出局,则攻守方交换。出局的常见形式主要包括:投杀、接杀、封杀和触杀。

(一)投杀就是投手投出好球,击球员三击不中,被判出局。

(二)接杀就是击球员把球击出,击出的球在没有落地的情况下被防守队员接住,击球员将被判出局。

（三）封杀就是击球员击出的球被防守队员接住，并把球传向跑垒员被迫进垒（后方有跑者推进垒包）的垒位，垒上防守队员脚踏垒包接球或接球踏垒，球先于跑垒员到垒位，则跑垒员被判封杀出局。

（四）触杀就是防守队员接到球，在跑垒员没有碰到垒位时用手套和球接触跑垒员，这时跑垒员则被判触杀出局。（注：用手套触杀时，手套里面一定要有球才可以）

二、安全上垒

安全上垒就是进攻球员在跑垒时先于球到达垒位上，则判安全上垒，安全上垒就可以进入下一个进攻局面继续比赛。

（一）四坏球保送上垒就是投手在对一个击球员中投出四个坏球，则被判四坏球保送上一垒。

（二）触身球保送上垒就是投手在对击球员投球时，由于控球不稳，把球投到击球员的身上，这是击球员责备安全保送上一垒。

（三）安打上垒就是击球员把球击入场内，在防守队员没有失误的情况下跑上垒位。“安打”按安全到垒的多少分为“一垒安打”、“二垒安打”、“三垒安打”、“本垒安打”（简称“一垒打”、“二垒打”、“三垒打”、“本垒打”）。

（四）本垒打就是击球员将球击出，球直接飞出外场的挡墙，击球员可以轻松跑回本垒得一分，本垒打也是棒球比赛中激动人心的时刻。

（五）失误上垒就是由于防守队员接传球、配合失误造成的上垒。

三、裁判

裁判在比赛中占据相当重要的角色，要保证比赛公平、公正的进行。

（一）棒球比赛一般有 1 名主裁，也叫司球裁判，在本垒板接手身后执法，主要职责为宣判投手的“好”或“坏”球；宣布击球员的“击”和

“球”数；判定攻方是得分或本垒的出局；判定“界内球”、“界外球”或“擦棒球”；处理、宣判双方违反规则的行为；宣布比赛结果。

（二）司垒裁判有3名各在一垒、二垒、三垒附近，负责1、2、3垒位附近的裁判工作；宣判跑垒员是安全还是出局；是否有阻挡，妨碍对方或其他犯规行为；处理踏漏垒及其他问题，并协助主裁判执行规则，使比赛顺利进行。

（三）2～3名记录员负责记录和技术统计。

（四）也有的正式比赛再增加2名外场司线裁判员，其职责为判定落在外场远处的球是界内还是界外球，外场手是否合法接杀，是否击出本垒打等。

四、好球区

好球区就是投手合法投出的球在没有落地前通过本垒板上空区域，球经过本垒板时的高度在击球员自然站立时的膝盖上沿以上，腋部以下的立体空间。

五、好球

通过好球区的球，裁判判定为好球，一个好球算一“击”。

六、坏球

坏球就是投手合法投出的球没有通过好球区的球，裁判判一“球”。

七、界外球

击球员把球击出两个边线，防守队员不能在球落地之前接到，裁判判为界外球，在两击以前击出界外球算“击”，两击以后界外球不累计算“击”。

八、局

比赛双方各因三个出局而互换攻守一次为“一局”。只有一方三人出局而未交换攻守时为“半局”。

九、界内球

合法击出的球如遇下列任一情况时均判为“界内球”：

（一）停止在本垒至一垒之间或本垒至三垒之间的界内地区时；

（二）地滚球越过一、三垒垒位从垒位后面的界内地区滚向外场或滚出界外时；

（三）触及一垒、二垒或三垒垒包时；

（四）先落在一、三垒垒位后界内地区时；

（五）在界内触及裁判员、比赛队队员身体时；

（六）从界内地区上空直接越出本垒打线时。

注：在边线上接球时，应按守场员手套触球时与地面的垂直线来判定，而不应以守场员触球时是站在界内或界外地区来判定。腾空球落在第一、三垒上或落在一、三垒后面的外场界内地区，然后弹出界外地区时仍为“界内球”。

十、界外球

合法击出的球如遇下列任一情况时判为“界外球”：

（一）停止在本垒到一垒之间或本垒到三垒之间的界外地区时；

（二）内场地滚球经过一、三垒垒位，从垒位后界外地区滚入外场或继续滚出界外时；

（三）落在一、三垒位后的界外地区时；

（四）在界外触及裁判员或比赛队队员的身体或其他障碍物时。

注:击出的球直接击中投手板,从本垒到一垒之间或本垒到三垒之间反弹出界外地区时判“界外球”。

十一、腾空球

击向空中的高飞球叫“腾空球”。

十二、地滚球

在地面滚动或弹跳的击球叫“地滚球”。

十三、平直球

异常快速,既不着地又不上升而直接飞向守场员的击球叫“平直球”或“平飞球”。

十四、擦棒球

碰触球棒后迅猛而直接地到达接手手中并被接住的击球叫“擦棒球”。

十五、触击球

有意等球碰棒或用棒轻触来球,使球缓慢地滚入内场的击球叫“触击球”。

在二垒出局前,三垒有跑垒员抢进本垒得分的进攻战术叫“抢分触击”。

十六、牺牲打

击球员牺牲自己安全上垒的权利而使跑垒员进垒得分的击球叫“牺牲打”。“牺牲打”根据击球方法不同又分为“腾空球牺牲打”和“触击球牺牲打”。

十七、内场腾空球

二垒出局前，一、二垒或一、二、三垒都有跑垒员时，击球员合法击出的落在内场或内场附近，而防守队员又能轻易接住的界内腾空球（平直球和用触击法击出的腾空球除外）叫“内场腾空球”，判击球员直接出局，继续比赛。

十八、滑垒

跑垒员身体贴地滑动的占垒动作叫“滑垒”。滑垒的好处是进垒时不会冲过垒包，增加防守队员的触杀难度。

十九、离垒过早

跑垒员在守场员接触腾空球前离垒的跑垒行为，叫“离垒过早”。

第三节　防守基本位置介绍

棒球是一项集体运动，所以每一个位置有不同的特点和任务，在自己的位置上完成好自己的任务，承担起自己的责任，棒球的团队精神也就体现出来了。如图 3－15 所示，1 号位为投手，2 号位为接手，3 号位为一垒手，4 号位二垒手，5 号位为三垒手，6 号位为游击手，7 号位为左外场手，8 号位为中外场手，9 号位为右外场手。

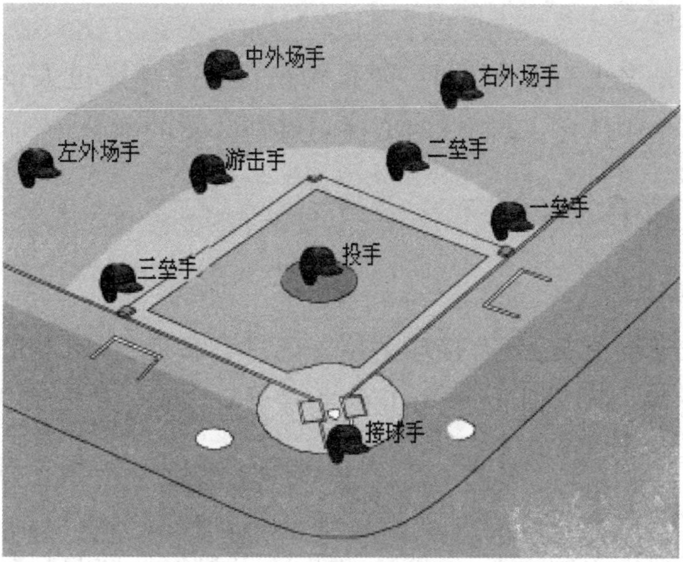

图 3－15　棒球比赛防守位置

一、投手

（一）站位

投手是球队防守中非常重要的位置，他站在投手板，是唯一有进攻性的防守位置，所以投手承担着很大的防守任务。一个优秀的球队必然拥有一个强大的投手群作为后盾。

（二）任务

1. 投球

投手的第一个主要任务，也是最基本的任务就是投球，通过投球来控制击球员，使击球员打不到球或打不好球。

2. 防守

投手把球投出就变成守场员了，要尽力接到周围附近的来球和协防补位。

3. 牵制球

牵制球是垒上有跑垒员时，防止跑垒员盗垒离垒过大，或者是跑垒员注意力不集中所用，牵制球时要注意好与队友的配合。

二、接球手

（一）站位

在9位守场员中，只有接球手位置离打者最近，在打者的后方，面向全场观察全局，所以他也是场上的决策中心和转达教练战术意图的中转站。

（二）任务

1. 能根据投手的特点，击球员的弱点，裁判好坏球的判罚尺度配球。

2. 熟悉自己的防守队员，特别是要了解投手的技术特点、心理和生理状态。

3. 能够调动场上队员的士气，控制好比赛节奏。

4. 接好投手投来的球。

5. 偷垒和传杀偷垒者。

6. 积极防守接手区域的滚地球与高飞球。

7. 积极补位。

三、一垒手

（一）站位

一垒是攻方队员首先要攻占的第一个垒位，因而一垒手也是守方传杀的第一道关口，助杀接球很多。

（二）任务

1. 首先要接好击出的来球和传来的球，然后回垒封杀或者触杀击球员或者跑垒员。

2. 了解自己的防守区域，注意封杀踩垒包的位子。

3. 垒上有人时，注意投手的牵制球。

4. 观察跑垒员经过有没有漏踩垒包，如果有漏踏垒包要拿球向裁判申诉。

5. 注意投手和捕手发的暗号，根据暗号进行战术配合。

四、二垒手

(一) 站位

二垒手防守在内场右边中间位置，由于靠近中间所以来球比较多，在二垒垒包和一垒垒包之间防守，所以移动要较快，能在垒包之间及时进垒补位。

(二) 任务

1. 防守好一、二垒之间的各种来球。

2. 把收到的战术暗号传达到中外野手和右外野手。

3. 一垒跑垒员偷垒时要回垒准备接球触杀或在后面补位。

4. 积极回垒参与夹杀、补漏。

5. 观察经过的跑垒员有没有漏踏垒包。

五、三垒手

(一) 站位

在内场之中，三垒方向的强力地滚球最多，所以要求三垒手反应一定要快。

(二) 任务

1. 防守好三垒方向的任何来球。

2. 触杀或者封杀三垒的跑垒员。

3. 配合好投手、捕手的牵制球战术和抢分触击等战术。

4. 观察跑垒员有没有漏踏垒包。如果发现拿球踩垒向裁判申诉。

5. 做好左外野手的接力传球。

六、游击手

（一）站位

在内场防守中，防守较深的是游击手，他的防守范围很大，来球也很多，所以防守比重比较大，是内场防守的一个核心位置。

（二）任务

1. 防守好二垒和三垒间的各种来球。

2. 根据击球员的特点、局面、配球、战术来调整自己的防守站位。

3. 加入到二垒和三垒的触杀、封杀和补位。

4. 把战术暗号发给中外野和左外野，外野的接力传球。

七、外场手

（一）站位

外场手站位靠外，防守范围大，来球往往高远，是外场防守中坚力量。

（二）任务

主要任务是接住飞向外场的高远球。

第四章

棒球运动综合知识

第一节　棒球赛事介绍

一、国际大赛

国际棒球联合会管辖的主要赛事为奥运会棒球比赛、世界杯棒球赛、世界棒球经典赛。

(一)奥运会棒球比赛

奥运会棒球比赛有 8 支队伍参加,分为预赛、半决赛和决赛三个阶段。预赛采用单循环的方式。

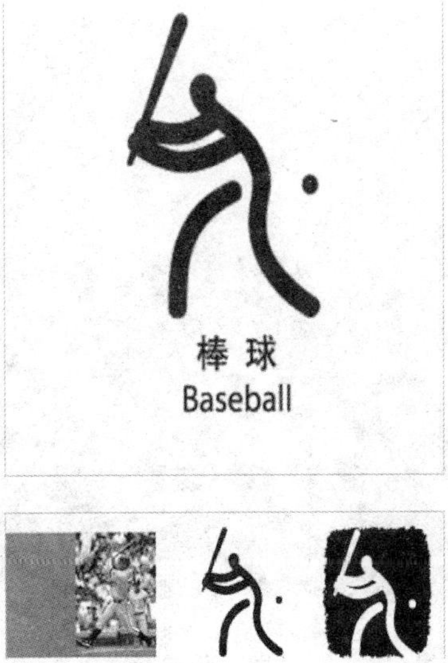

4－1　奥运会棒球比赛

(二)世界杯棒球赛

1999 年国际棒球联盟将 2001 年于台湾举行的第 34 届世界棒球锦标赛(Baseball World Championship)改称为世界杯棒球赛(Baseball World Cup),届数维持不变,并首度允许职业选手参赛。

图 4-2 世界杯棒球赛

(三)世界棒球经典赛

世界棒球经典赛(World Baseball Classic)是由美国职业棒球大联盟与国际棒球总会共同策划的国际棒球赛事,于 2006 年 3 月举行第一届的比赛,2009 年举行第二届,往后每隔四年举行一届比赛。

图 4-3 世界棒球经典赛

二、其他比赛

（一）美国职业棒球大联盟

美国职业棒球大联盟（Major League Baseball，MLB）现有球队30支，分为国家联盟和美国联盟，其中国家联盟（National League，NL）有16支球队，美国联盟（American League，AL）14支，而2个联盟又各分为东部赛区，中部赛区和西部赛区3个赛区。职业棒球大联盟的全部30支球队中，有2支来自邻国加拿大（蒙特利尔博览会队和多伦多蓝鸟队），其余28支悉数为本土球队。

图4－4　美国MLB职业棒球比赛

（二）日本NPB职业棒球比赛

日本NPB职业棒球旗下有中央联盟与太平洋联盟，拥有12支职业队。

图 4－5　日本职业棒球比赛

（三）日本高中甲子园比赛

日本高中甲子园比赛是全日本高中棒球队参加的比赛，每年四五千支参赛球队，最后有 50 支左右的球队从地方晋级，在甲子园球场进行最后的比赛。

图 4－6　甲子园球场

第二节　棒球运动生理卫生与健康常识

棒球运动中，常见的损伤主要有手指挫伤、踝关节扭伤、膝关节损伤、腰部损伤、肩关节损伤、头部损伤。

一、手指挫伤

手指挫伤主要出现在队员注意力不集中、手法不正确的时候被球伤及腕关节或掌骨挫伤。

在预防方面，主要注意接球技术动作要正确，精神、注意力要集中，判断来球的力量和速度，以及飞行轨迹，把握好出手时机与缓冲动作。

二、踝关节扭伤

踝关节扭伤主要是在蹬地瞬间发力不平衡，在跑垒过程中崴脚，以及踩垒和滑垒技术动作不正确造成。

预防踝关节扭伤首先要重视准备活动，在热身过程中注意对踝关节附近小肌肉群和韧带的拉伸。其次，在投手投球和击球员挥棒击球时，下肢要保持一定的紧张度，注意蹬地协调发力，切忌在较为放松的状态下猛然发力。在跑垒或追球的过程中注意地面是否平整，以防意外发生。在完成踩垒和滑垒过程中，要注意正确运用技术动作，特别是在滑垒过程中要小心对方队员的动作方向和速度，避免正面碰撞。

三、膝关节损伤

膝关节损伤主要在投球和击球蹬地用力，以及在与对方队员身体接触时发生。

膝关节损伤的预防首先还是要重视热身活动，充分调动肌肉的积极性。在投球和击球动作中，注意技术动作的准确性，在完成动作之前了解地面平整情况。在与对方发生身体接触前要做好自我保护动作，切忌在毫无保护措施的情况下与对方队员发生正面接触。

四、腰部损伤

腰部损伤主要见于投手和击球员。主要原因是在完成投球和击球过程中用力过猛，击球员挥空棒造成。

在预防方面，首先要注意加强腰部力量的练习，同时重视对腰部的放松，避免造成腰肌劳损慢性损伤。在完成投球的动作过程中，充分利用蹬地的力量，将力量传递到腰部，避免过分依赖腰部发力完成动作。

击球员注意力要集中，并且在挥棒之前有所预判，身体保持微紧张状态，并强调随挥动作，切忌动作过分放松和过分紧张。

五、肩关节损伤

肩关节损伤多见于投手、击球员以及传球队员。主要原因是由于用力过猛，使关节超出了正常的活动范围，造成韧带拉伤。

肩关节损伤的预防首先要注意加强肩关节柔韧性的练习，以及加强肩关节周围肌肉力量。在训练和比赛中运用合理的技术动作，加强整个身体的协调用力，而并非依赖肩关节发力。

六、头部损伤

头部损伤主要是由于受到球的撞击和队员之间的碰撞。

预防头部损伤关键点是保持清醒的头脑和注意力集中，虽然由于球速很快，有些情况无法预料，或者来不及躲避，但是保持清醒的头脑和高度注意力集中能在一定能够程度上降低头部受伤的风险。

第三节　棒球运动的观赛礼仪

(一)赛前

赛前观众应提前入场，并配合场馆工作人员完成安全检查工作。进入观众席后，对号入座。在举行场地工作人员、裁判员、双方队员集体入场仪式时，观众应给予热烈的掌声。在双方队员进行准备活动时，如果球飞到看台上，观众应主动将球交给捡球员，而不是将球直接扔向场内。在介绍裁判员、运动员、教练员时，观众应报以热烈的掌声。对于有主队参加的比赛，要对客队报以同样热烈的掌声。

(二)赛中

将手机关机或者调到静音、振动状态。照相尽量不要开闪光灯。观看比赛时，观众应既有激情，又不失理智。要以欣赏比赛过程为主，保持良好的心态，不要过分看重比赛胜负。要为双方运动员加油助威，为双方运动员创造友好的比赛气氛。特别是在投球和击球的时刻，最好不要发出声响，在球被击出之后，观众便可以尽情地为队员的精彩表现喝彩。

观众应尽量配合现场主持人，为双方队员加油。积极参与现场观众制造人浪。观众应以热烈的掌声和欢呼回报局间拉拉队的助兴表演。观众一定要注意不能采取过激的行为，如抛掷物品、不文明语言、有侮辱性表示的手势。

观众应尊重裁判员，善待客队的支持者，避免引起球迷间的冲突。

（三）赛后

比赛结束后，观众应起立为运动员精彩的表现鼓掌，并按照现场主持人和工作人员的提示有序地离开观众席。

垒 球 篇

第一章

垒球运动的概述

第一节 垒球运动的起源、历史及奥运发展史

一、垒球运动的起源

垒球运动是由美国芝加哥弗拉加特划船俱乐部的乔治·汉考克(George Hancock)和明尼苏达州明尼阿波利斯的消防队员莱维斯·罗伯(Lewis Rober)于1887年和1895年先后发明的。在1887年的一场美式橄榄球比赛中,耶鲁大学击败了老对手哈佛大学。赛后,在芝加哥弗拉加特划船俱乐部举行的庆祝活动中,一名耶鲁毕业生将一个拳击手套掷向一名哈佛学生,哈佛学生则试图用一根扫帚棍击打这个手套,在场的芝加哥商报记者乔治·汉考克当时觉得很有趣。不久之后,就用球取代了拳套,垒球棒取代了扫帚,所以一项新的运动由此诞生了。据说第一本规则是乔治在1889年制定的。垒球运动最初是在室内进行。1895年莱维斯·罗伯将这项运动轻移到室外进行,垒球运动成了救火员们的热身运动。随后,人们开始组织联赛并推广此项动。

二、垒球运动的发展

垒球技术难度、运动剧烈程度都低于棒球。垒球运动的诞生完全是出于一种需要,由于天气和城市环境的影响,将棒球运动转移到室内以后,就形成了垒球运动。垒球诞生于19世纪80年代的美国芝加哥,这项运动发展很快,并逐渐又从室内转移到了室外,现在全世界有2000万

人进行这项体育运动。

垒球运动分为两种——快速垒球和慢速垒球。这两种形式的垒球都深受美国人民的喜爱。随着第二次世界大战美国势力的扩张，垒球运动在全世界得到了推广。此后，垒球又逐渐成为女子运动。

20 世纪 50 年代，垒球项目也从大众游戏转变为竞技体育项目。澳大利亚早在 1947 年就举办了第一届全国女子垒球锦标赛，而相应的男子比赛直到 1984 年才开始。1965 年，在澳大利亚的墨尔本举行的第一届女子垒球世锦赛决赛中，东道主澳大利亚队以 1∶0 击败了美国队，夺得了世界冠军。这次比赛后，快速垒球很快成了垒球运动的主流运动。

第二届女子垒球世锦赛举行于 1970 年。此后，每隔四年分别举办一次男子、女子、青年垒球世锦赛。时至今日，在垒球运动诞生百年之后，垒球仍然是全美最受欢迎的运动之一。世界垒球联合会也有了 110 多个成员国家，现任的国际垒球联合会主席是唐·波特。

ISF

国际垒球联合会

图 1-1　国际垒球联合会徽标　图 1-2 国际垒球联合会主席唐·波特

三、垒球的奥运发展史

福娃奥运造型之垒球

图 1 - 3

垒球于 1996 年成为亚特兰大奥运会的正式项目,目前只有女子项目,并于 2012 年退出奥运会。

奥运会上的垒球比职业棒球运动差不了多少,在亚特兰大奥运会上,曾经有投手投出了时速高达 118 千米的球。由于垒球的投手与击球手之间只有 12.2 米的距离,棒球为 18.4 米,一般棒球投手的球速为每小时 160 千米,所以对于垒球选手来说,其反应能力也不比棒球选手差。

奥运会垒球比赛共有 8 支球队参加,比赛按快速垒球的规则进行。8 支参赛队中除东道主球队自动入围外,其他 7 支球队则通过各地区的预选赛之后产生。

这 8 支参赛队首先进行大循环赛,每队均要与其他 7 个对手相遇一次。循环赛中排名前 4 位的球队进入佩寄制半决赛,所谓佩寄制决赛,即由第一名球队对第二名球队,胜队直接进入决赛;负队则与第三名球队对第四名球队间的半决赛的胜队争夺另一决赛席位。在悉尼奥运会上，美国队以第四名的身份晋级佩寄制决赛，最后仍然夺得冠军。

第二节　垒球运动的特点

一、形式多样

垒球运动是一项集体对抗性的运动，也是球类运动中最富有田径特色的运动项目之一。它的传接球、击球和跑垒等与田径运动中的投掷和奔跑动作相近，较容易掌握。在完成这些技术动作时，也要求参加者要具备速度、力量、灵敏、柔韧等各项身体素质。比赛时，攻守分开，运动量、技术动作适当，具有娱乐性、竞技性、灵活性和团结性等球类运动的共同特点。比赛场地可大可小，适合各种年龄阶段的人参加。

图 1 -4

图 1－5

二、技巧性

由于垒球运动员完成各项技术动作的时间短促，对运动员个人技术的要求和团队每个人的平均技术能力精密程度有着相当高的要求，因此垒球运动的技巧性较强。技巧性往往可以展现出垒球运动的激情和魅力，这也是精髓所在。但技巧性也是在垒球的运动发展过程中不可避免的一大问题，要想练成好的技巧需要长期刻苦的训练和比赛积累。

图 1－6

图 1－7

三、对抗性

垒球运动是一项竞争激烈的对抗性项目，比赛中双方为争夺控制权，为了达到将球攻进对方球门，而又不让球进入本方球门的目的，双方会争夺和冲撞倒地次数多达 200 次以上，可见对抗之激烈。

图 1-8

图 1-9

四、多边性

垒球运动是一项技术上多彩多姿、战术上变幻莫测、胜负结局难以预测的非周期性运动项目，比赛中运用技、战术时要受对方直接的干扰、限制和抵抗。技、战术是依临场中具体情况而灵活机动地加以运用和发挥。

图 1－10

图 1－11

五、团队协作

垒球是一项集体运动性很强的项目，需要在比赛中相互团结相互协作才能取得胜利。在垒球比赛中团队协作显得格外重要。

图 1－12

图 1－13

第三节 垒球运动在中国的发展

垒球运动 1887 年起源于美国，20 世纪初传入中国。1915 年在上海举行的远东运动会上，菲律宾女子垒球队作了表演。此后，垒球逐渐在中国的上海、北京、天津等地的教会学校中开展，旧中国时期的几次全国运动会中也曾出现过垒球比赛。1959 年第 1 届全运会上有 21 个省、市的女子垒球队参加比赛。女子垒球在全运会上除了第 2 届和第 5 届外，其余 6 届均被列为了正式的比赛项目。1977 年中国青年女子垒球队首次出访了日本；1979 年 11 月中国正式加入了世界垒球联合会；1980 年 10 月中国女子垒球队访问了意大利，并在意大利取得 4 胜 2 平的成绩；1990 年第 11 届亚运会上女子垒球被列为亚运会正式比赛项目；1996 年第26届奥运会上，女子垒球首次被列入正式的比赛项目。

中国女垒参加各级锦标赛。1981年参加首届中日美锦标赛，中国队获得了亚军；1986年6月在美国洛杉矶举行的国际杯赛中，中国队获得了亚军；1986年1月中国队首次参加了在新西兰举行的第6届世界女子垒球锦标赛，获得了亚军；1987年第4届亚洲女子垒球锦标赛在日本举行，中国队获得了冠军；1991年第4届世界青年女子垒球锦标赛在澳大利亚举行，中国队获得了第3名；1994年在加拿大举行的第8届世界女子垒球锦标赛上，有28个国家和地区参赛，中国队获得了第2名；1995年第6届亚洲女子垒球锦标赛在菲律宾举行，中国队获得了第1名，实现了三连冠。

中国女垒参加亚运会、奥运会。在第11—13届亚运会上中国女垒均获得了冠军；1996年第26届奥运会上，中国女子垒球队在主教练李敏宽的率领下夺得了亚军；2000年在第27届奥运会上，中国队名列第4；2012年垒球不再是奥运会的正式比赛项目了。

中国女垒参加其他赛事。1983年参加第2届香港国际女子垒球邀请赛，中国女子垒球队力挫世界锦标赛冠军新西兰队和加拿大、澳大利亚、日本等世界强队，获得了冠军；1989年在意大利举行的洲际杯女子垒球赛上，中国队获得了冠军；1992年在北京举行的女子垒球“挑战者杯”（世界杯）赛上，中国队获第4名。

第二章

垒球比赛基本知识

第一节　垒球基本技战术

一、基本技术

垒球基本技术包括投球、传球、接球、击球、跑垒和滑垒。其中除投球外，与棒球基本相同。

垒球进攻基本技术有：击球、触击和跑垒。

图2-1　击球

图 2-2　触击

图 2-3　跑垒

垒球防守基本技术有：传球、接球和投球。

图2-4　传球

图2-5　接球

图2-6　投球

二、基本战术

(一)进攻基本战术

1. 编排击球次序

2. “跑而打”战术

3. “牺牲触击球”战术

（二）跑垒战术

1. 偷垒

2. 双偷垒战术

3. 腾空球跑垒战术

4. 上垒触击战术

5. “抢分触击”战术

（三）防守基本战术

1. 右打者的防守阵形

2. 对付左打者的防守阵形

3. 对“双偷垒”的防守战术

4. 触击防守战术

第二节　比赛场地、器材

一、比赛场地

比赛场地是一个直角扇形区域，直角两边是区分界内地区和界外地区的边线。界内地区又分为内场和外场。内场呈正方形，为红沙土场地，四角各设一个垒位，在尖角上的垒位是本垒，并依逆时针方向分别为一垒、二垒和三垒。内场以外的地区为外场，外场为草皮场地。比赛场地必须平整，不得有任何障碍物。

内场每边垒间距离为 18.3 米，投手板至本垒的距离为 13.10 米，本垒后面和两边线以外不少于 7.62 ~9.14 米的范围内为界外的有效比赛地区。两边线为长 67.06 米，两边线顶端圆弧连结线的任何一点距本垒尖角的距离都是 67.06 米。

图 2－7　北京奥运会垒球场地

二、设施器材

（一）球棒

球棒可以使用国际垒联审定的金属、竹子、塑胶、碳铅、镁、玻璃纤维、陶瓷或其他合成材料制成。任何在国际比赛中使用的球棒必须经过国际垒联的审定，目前国际比赛普遍采用金属球棒。球棒长度不超过 86.4 厘米（34 英寸），重量不得超过 1077 克（38 盎司），圆形球棒最粗处不得超过 5.7 厘米（2.25 英寸）。

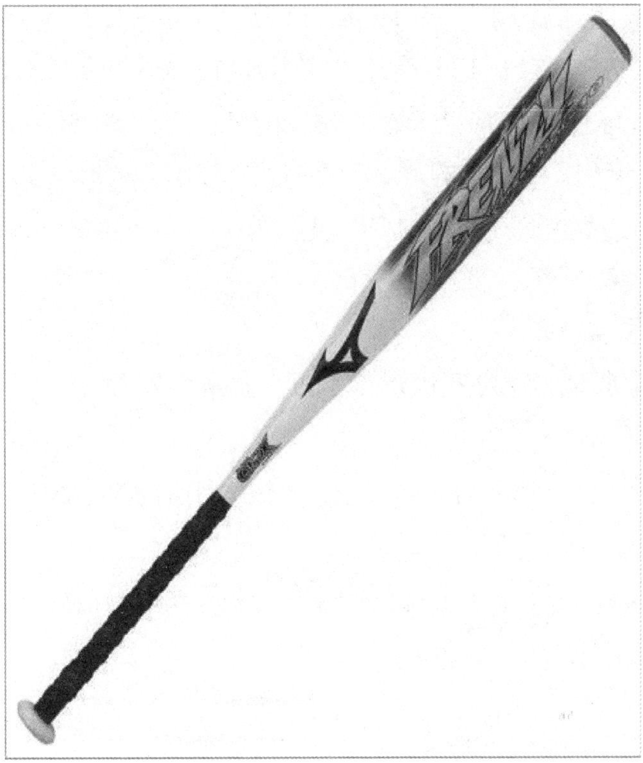

图 2－8　金属垒球棒

（二）垒球

在国际比赛中的比赛用球，必须符合国际垒联规则委员会的规定标准，同时球体上必须印有国际垒联（ISF）字样。

图 2－9　垒球

少年比赛用球圆周 27.9 厘米(11 英寸)的球,其圆周可为 27.6～28.3 厘米(10.875～11.125 英寸),其重量在 166.5～173.6 克(5.875～6.125 盎司),球体表面应用双针缝法并至少要有 80 针。成年比赛用球圆周 30.5 厘米(12 英寸)的球,其圆周可为 30.2～30.8 厘米(11.875～12.125 英寸),其重量在 178～198.4 克(6.25～7 盎司),球体表面的缝合应用双针缝法并至少要有 88 针。

(三)本垒板

应使用橡胶制成,为五边形橡胶板,尖角面对投手。

(四)投手板

应使用橡胶制成,位于一个以投手板为中心的圆圈内。

(五)垒包

使用帆布或其他适当的材料制成,且必须钉牢在地面上的预定位置。一垒使用双垒包。

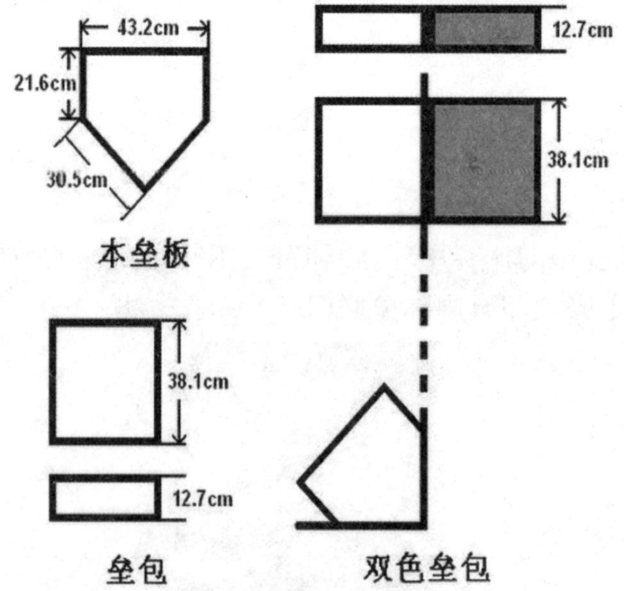

图 2－10　本垒板、垒包

（六）手套

任何球员皆可使用分指手套，但是连指手套仅限接手及一垒手使用。任何手套的虎口上端长度，（即拇指与食指间上端之间隔）不得大于12.7厘米，使用皮绳或其他皮制品装置均可。投手手套必须为单一颜色，除白色及灰色外，其余均可；其他球员可戴拼色手套，但背面不得有白色或灰色圆圈。

（七）球鞋

比赛球员应穿着钉鞋，鞋面应以帆布、皮革或类似材料制成。成年赛可穿铁钉鞋，青少年赛不得使用铁钉鞋，可使用胶钉鞋。任何级别比赛不得使用圆金属钉鞋，不得使用硬橡胶或聚氨酯等金属类鞋底。

（八）护具

接手须佩戴面罩、护胸、护喉、护腿，进攻队员须佩戴头盔。任何队员均可佩戴面罩。

（九）服装

同队球员必须穿着同一颜色、式样的服装。不得佩戴任何金属类饰品或其他装饰物，如手表、手镯、耳环和项链等。

第三节　垒球运动和棒球运动的区别

垒球在中国是个相对冷门的项目，许多人都把这个项目同棒球相混淆，认为男子项目叫棒球，女子项目叫垒球。实际上，垒球是同棒球有许多区别的项目，而且在许多国家也都有男子垒球队。

垒球是从棒球发展而来的，它与棒球最大的区别是垒球比棒球大。此外，棒球投手采用举手过肩的方法投球，而垒球投手采用的则是下手臂运动投球。垒球中的投球距离为40英尺（12.2米），而棒球的投球距离要远得多，为60.6英尺（18.4米）。垒球各垒之间相距60英尺（18.3

米)，而棒球垒与垒之间的距离为 90 英尺(27.45 米)。垒球的比赛局有 7 局，而棒球有 9 局。垒球规则还规定，前 7 局双方打成平局后，跑垒员在附加赛将从第二垒开始跑，以增加得分机会。

内容	棒球	垒球
场地情况	面积大 投球距离远:18.44 米 垒间距离长:27.43 米 本垒打线:两边 91 ~ 97.54 米 中间 108 ~ 121.92 米 击球员区呈短宽矩形 投手板应高出地面至少 25 厘米 四个垒都是白色方形垒包	面积小 投球距离近:12.19 米 垒间距离短:18.29 米 本垒打线:60 ~ 70 米 击球员区呈狭长矩形 投手板与地面平齐 一垒用白、橙两色的长方形双垒包，橙色部分在界外
球	体积较小、较轻、很硬	体积较大、稍重、有适度的弹性
球棒	较长、较重、呈圆柱形，可用金属、硬木或者几条木片胶合而成	很短、很轻、直径稍小，呈圆形或者三角形，金属球棒也可呈曲角形。可用金属、竹片、塑料、石墨、碳素、镁、玻璃纤维、陶瓷等材料或者国际垒联批准的其他材料制成
手套	尺寸稍小，衬垫较厚	尺寸稍大，衬垫较薄
投手规则	可用正面或者侧身的姿势踏板并投球。可用单脚踏板，可以退板，可用肩上、体侧或者低手投球，可以牵制跑垒员	必须两脚踏在投手板上，必须用正面投球并只限用低手投球，踏板后不得撤板，也不许牵制跑垒员
跑垒员	在比赛时可以随时离垒	必须在投手投球出手后才能离垒
比赛局数	9 局	7 局

第四节　垒球比赛基本规则及术语

一、基本规则

垒球比赛双方各有9名队员参赛。她们依照防守位置分为投手、捕手、一垒手、二垒手、三垒手、游击手、左外场手、中外场手、右外场手。进攻时，这9名队员要逐一上场击球，但投手可以只参加防守，不参与进攻。

9名队员进攻时的击球棒次，按照赛前双方提供给主裁判的击球次序严格执行，不能变动。赛前，主裁判主持抽签，决定哪方先攻，哪方先守。比赛开始后，先守一方9名队员进入各自防守位置准备防守，先攻一方根据上报主裁的击球棒次，由排在第一棒的选手出场击球。第一局以后，每局双方的第一个击球员应为上一局最后完成击球任务的下一个击球员。

每局比赛由投手向攻方击球员投球开始。如果投手投出的球，在落地前进入本垒板上空、低于击球员的腋部、高于击球员的膝部则为好球，否则为坏球。击球员有3次击球机会，如果3击不中，或者击出的球在落地前被防守队员接住，均判该击球员出局。如果击球员将投手投来的球打进界内，击球员就成为击跑员，取得跑垒的权利。此时击跑员可以根据自己击球的情况，按由一垒经二垒、三垒，最终到达本垒的顺序跑垒，也可以停在距离自己最近的垒包上成为跑垒员。在此过程中，如果击跑员被防守方封杀或触杀，均算为出局。跑垒员可以在投手再次投球出手的瞬间，选择继续向下一垒跑进或原地不动，但同一个垒包上不能同时有2名跑垒员。

进攻方每局累计有1人出局时，双方即交换攻守角色。但如果1名跑垒员能够在本方累计3名队员被杀出局前返回本垒，则计进攻方得1分。此外，如果投手在面对同1名击球员时，累计投出4记击球员未击的坏球，那么要保送击球员登上一垒，原来在一垒上的跑垒员则自动前进至二垒，依次类推。

垒球比赛共进行7局，每一局双方各进攻和防守1次。只有进攻方有权得分，最后以7局累计得分多的一方为胜。

二、垒球术语

基本的垒球术语主要有以下这些：

1. 变造球棒（ALTERED BAT）：即合法球棒之棒体被改造。例如金属球棒使用木质握柄，或使用异质胶带握柄，或插入其他物质于球棒内，或握柄部卷贴两层以上的胶带，或涂漆于球棒，但标记于棒头或底部除外。若仅另外更换合法的握柄套，则不在此限。但“牵牛花状或圆锥形”的握柄头，亦视为变造球棒。

2. 申诉（APPEAL PLAY）：即在比赛中有死球时，裁判员未接受防守球员、指导（COACH）或教练（MANAGER）请求前，不得做出判决。申诉必须在投手投出次一球之前提出，无论其投球合法与否。若在攻守交换或比赛结束所有防守队员离开界内区时提出，则不予接受。若是防守球员提出申诉时，其必在内野区。

3. 四坏上垒（BASE ON BALLS）：即击球员获得4个坏球时，裁判员给予击球员安全进至一垒。注：（慢式）若投手有意投4坏球时，仅告知司球裁判即可。不必投球就可以保送击球员上一垒。

4. 垒道（BASE PATH）：即在各垒间线的两侧各距1公尺（即1米）的假想路线区域。

5. 跑垒员（RUNNER）：即跑垒的球员（不包括击跑员）。

6. 击出之球（BATTED BALL）：即投出之球触着球棒，或被球棒击中之后，无论落在界内区或界外区者。其无意之击球亦同。

7. 击球区（BATTER'S BOX）：即限制击球员的打击区域，击球员在该区内得意图协助队友得分，其区域的边线亦包括在内。在投球之前，击球员之双脚必须完全在击球区线之内。

8. 击跑员（BATTER－BASERUNNER）：即球员在完成打击之后，尚未到达一垒，亦未被判出局的球员。

9. 打击顺序（BATTING ORDER）：即进攻队正式上场比赛的球员名单，其球员必须依名单顺序上场打击，且名单上必须记载各球员的防守位置及球衣号码。

10. 障碍球(BLOCKED BALL):即击出或传出之球,被未参与比赛的人触着、挡住、抓住或触着非正式比赛用具;或非比赛球场之任何物体。

11. 触击(BUNT):即击球员不挥棒击球,使击出之球缓慢的滚动于内野区域。

12. 接住球(CATCH):即防守球员用手掌或手套,合法地接住击出或传出之球。若用手臂抱或用身体与球衣的部分,保持球不落地,则非接住球,必须待球被握在手掌或手套内为止。若防守球员接球瞬间直接碰撞其他球员或围栏或使球落地时,即非接住球。反之,防守球员确实持球一段时间,然后无意或有意地使球离手,抑是传球时落球,则均为接住球。注:凡是正飞球触着防守球员以外的人或物时,均视为触着球场论。

13. 捕手区(CATCHER'S BOX):即捕手必须位于该区域内:

a. (快式)投手投出球。其区域之边线亦包括在内。

b. (慢式)投出之球被击中、触着球场、本垒板或抵达捕手区。其区域之边线亦包括在内。

14. 面授机宜(CHARGED CONFERENCE):即当下列情况均可:

a. 防守队的面授:防守队以面授理由要求比赛暂停,裁判员允许防守队之代表(非上场球员)进入球场,给予投手任何之授意(经其他球员转达亦是)。当防守队之代表进入球场,更换投手时,则非"面授机宜"。若是进攻队要求"面授机宜",则防守队亦可乘机面授,但是时间不得超过进攻队所用时间。注:若教练从球员席出来,告知裁判员替补投手,则此为更换投手。更换之后,教练未到投手位置,则不被视为"面授机宜"。

b. 进攻队的面授:进攻队要求比赛暂停,其球队教练或球队代表得到允许授意予击球员或跑垒员。进攻队的投手上垒后,请求穿外套,或利用防守队的面授时,不被视为"进攻队的面授"。若防守队要求"面授机宜"时,进攻队亦可面授,但是时间不得超过防守队所用时间。

15. 砍击球(CHOPPED BALL):(慢式)即击球员持棒由上往下切击,使击出之球反弹得很高。

16. 垒指导员(COACH):即进攻队人员于指导区内,指导其队友打击和跑垒。并允许各区一位指导员进入指导区内，同时为了记录，仅可携带纪录簿、铅笔及计球器。

17. 死球(DEAD BALL)：即比赛中停止球，必须待投手持球于投手圈内司球裁判宣告“开始比赛”为止。

18. 防守队(DEFENSIVE TEAM)：即在球场上防守的球队。

19. 垒包移位(DISLODGED BASE)：即离开其原定位置的垒包。

20. 双杀行为(DOUBLE PLAY)：即防守队连续合法地刺杀 2 名进攻的球员出局。

21. 界内球(FAIR BALL)：即击出之球为：

a. 停留于本垒至一垒或本垒至三垒之间的界内区时。

b. 由界内区反弹过一、三垒包之上空或其后方界内区时。

c. 触着一、二垒包时。

d. 触着界内区线裁判员或球员的身体或其衣服时。

e. 最初落于一、三垒包后界内区时。

f. 直接飞越过界内区外野围栏时。

注：界内飞球是依据接触球点和界线，包括界线的关系位置来判定，而非依据接球者的身体位于界内或界外而定。其与球最初落于界内或是界外均无关，只要在界外区上无触着非球场的物体即可，否则均判为界内球。

22. 界内区(FAIR TERRITORY)：即由本垒沿一、三垒两界线之间，至比赛球场之远端围栏的空间，并包括两条界线，均为比赛球场之界内区域。

23. 假触杀(FAKE TAG)：即防守球员无持球或未迎接球，而阻碍跑垒员的进垒或返垒的行为。

24. 防守球员(FIELDER)：即在球场上防守的任何球员。

25. 飞球(FLY BALL)：即为击出在空中飞行尚未落地之球。

26. 封杀出局(FORCE - OUT)：即击球员成为跑垒员时，造成击跑员或前位跑垒员丧失跑垒的权利，而刺杀出局者。

27. 界外球(FOUL BALL)：即击出之球为：

a. 停留于本垒至一垒，或本垒至三垒之间的界外区时。

b. 由一、三垒包之前反弹至界外区时。

c. 最初落于一、三垒包之后的界外区时。

d. 触着界外区上的裁判员或球员的身体、衣服或任何球场上的异物时。

e. 触着击球区内的击球员，或其手持的球棒时。

注：界外飞球是依据接触球点和界线，包括界线的关系位置来判定，并非依据接球员的身体位于界内或界外而定。

28. 擦棒球（FOUL TIP）：即击出之球为：

a. 球擦过球棒之后直接被捕手接住。

b. 球低于击球员的头部。

c. 球是被捕手合法接住。

注：（快式）被接住的擦棒球为好球，应继续比赛；（慢式）则为死球。除非球先触着捕手之手或手套，否则若自其身体或地上反弹后再接住，则不被视为擦棒球。

29. 头盔（HELMET）：

a. 即为头脸安全，使用附用软垫衬里的塑胶帽。但仅以软垫护耳，却不符合规则，至于耳盖可有可无。

b. 捕手可戴无护耳的头盔。

30. 主队（HOME TEAM）：即在自己球场上比赛的球队。若在中立的球场比赛时，应相互协议或抛硬币决定的。

31. 违规球棒（ILLEGAL BAT）：即不符合规定的球棒。

32. 违规击球（ILLEGALLY BATTED BALL）：下列情形均为违规击球：

a. 击球员任一脚，完全踏出击球区外的地面，且击中球（不论是界内或界外）时。

b. 击球员脚的任一部分踏触本垒板，且击中球时。

c. 击球员持违规球棒或变造球棒进入击球区时。

33. 违规接球（ILLEGALLY CAUGHT BALL）：即防守球员使用帽子、

面罩、手套或衣服的一部分，脱离正常的位置，去迎接击出或传出之球。

34. 违规投手（ILLEGAL PITCHER）：即合格球员可以参与比赛，但是不得担任投手。

a. 投手在一局中两次面授机宜，被裁判员处退出投手位置。

b.（慢式）投手被警告球速太快后再犯，被裁判判处退出投手位置。

35. 违规球员（ILLEGAL PLAYER）：即球员未告知司球裁判就参与比赛，当对方投出球之后，及违规队更正之前向司球裁判报告，即为“违规球员”，则判其退场。若再参与比赛则成为“失格球员”。

36. 失格球员（INELIGIBLE PLAYER）：即球员不得再参与比赛，因为被裁判员驱逐离场。失格球员不得再度参与比赛，否则被判“夺权比赛”。

37. 正飞球（IN FLIGHT）：即击出、传出或投出之球，尚未触着地面或防守球员以外的物体前的状态。

38. 负险（IN JEOPARDY）：即比赛进行中，显示对于进攻队的球员有可能被刺杀出局的状态。

39. 内野区（INFIELD）：即内野球员正常的防守区域，其为界内区的一部分。

40. 内野飞球（INFIELD FLY）：即指内野球员容易接住的界内飞球（不包括平飞球或触击飞球）。当在二人出局之前，有跑垒员占一、二垒或一、二、三垒时才成立。投手、捕手或任何外野球员在内野区接球时，亦视同内野球员接球处理之。

注：当击出之球可能成为内野飞球时，裁判员应立即宣判“内野飞球－击球员出局”裨益于跑垒员。若该球接近界线时，则宣判“若为界内则为内野飞球”。其球为活球，跑垒员在防守球员接球之后可冒险进垒；或防守球员触着球之后可返触垒再进垒，此与一般飞球处理相同。若是成为界外球，则视为界外球处理。若已宣告“内野飞球”，未触着防守球员而落于内野，再由一、三垒包之前反弹至界外者，则为界外球。反之，先落于界外区，再由一、三垒包之前反弹至界内区者，则视为内野飞球。

41. 局（INNING）：即攻、守两队互换一次为一局。在进攻队三人出局时,即攻守互换,此乃一场比赛的一个单位。

42. 妨碍(INTERFERENCE):即进攻队球员或其球队人员有阻止、拖延或干扰正在处理球的防守行为。

43. 合法触球(LEGAL TOUCH):即防守球员确实持球于手中,触着未触垒包的跑垒员或击跑员。若非跑垒员故意碰(撞)落其手中之球,防守球员的球触跑垒员后球随即落地,则此触球无效。只要是用持球的手或持球的手套确宣触着跑垒员即可。

44. 合法接球(LEGALLY CAUGHT BALL):即防守球员使用单手或双手确实接住击出或传出之球,而非使用帽子、护具、袋或球衣的其他部分接球。

45. 平飞球(LINE DRIVE):即击成平直而直接飞入球场上空之球。

46. 阻碍(OBSTRUCTION):阻碍的行为即是:

a. 防守队的球员或其球队人员有阻止或阻扰击球员的击球。

b. 防守球员:(1)未持球;(2)不在处理击出之球的防守动作;(3)非正在接传出之球时,阻挡正在进垒中的跑垒员或击跑员的行为。

47. 进攻队(OFFENSIVE TEAM):即正执行进攻的球队。

48. 外野区(OUTFIELD):即垒线围成的方块区之外侧且介于一、三垒两界线之间,且非内野球员的正常防守区,其为比打球场的一部分。

49. 滑过垒(OVERSLIDE):即进攻球员,试图滑进垒,因衡劲太大而超越垒包,未保持与垒接触,故处于危险之中。但是击跑员可以冲过一垒的垒包,若无进次垒的企图而立即返垒时,则无出局之险。

50. 传出场外(OVER THROW):即防守球员之间的传球为使各垒间离垒的跑垒员或未上垒的跑垒员出局,造成传出之球超出球场外或成为障碍球。

51. 漏捕(PASSED BALL):(快式)即投手合法投出之球而捕手在正常状态下,可以接住或挡住的,但结果却漏接了。

52. 投球(PITCH):即投手将球投给击球员的动作。

注:若是投出之球成为障碍球或投出场外,则给予所有跑垒员,于投球时所占的垒再进一个垒。

53. 投手区(PITCHERS CIRCLE):(快式)即距投手板 2.5 米半径的区域,该边线亦属之。

54. 轴足(PIVOT FOOT):即投手在投球时,蹬踢投手板的一脚。

附注:右投手即右脚。

55. 开始比赛(PLAY BALL):即司球裁判用来指示比赛开始或继续的口令。当投手持球进入投手圈位置,捕手进入捕手区内,其余的防守球员均在界内区的球场上,即可指示开始比赛。

56. 突袭投球(QUICK RETURN PITCH):即投手明显有意地乘击球员不备时,向其投球。亦即击球员刚进入击球区尚未取得击球姿势之前;或击球员刚挥棒之后,其身体还未稳定时,即刻再向其投球。

57. 首任球员(STARTING PLAYERS):即于比赛前提交裁判长或司球裁判的打击顺序名单之上场球员。

58. 盗垒(STEALING):即乘投手投球给予击球员时,跑垒员企图进垒的行动。(慢式)不得采用。

59. 好球带(STRIKE ZONE):

a.(快式)是指击球员在正常打击站立姿势下,在其腋部以下至膝部以上的高度,并在本垒板平面上的任何部分空间之内。

b.(慢式)是指击球员在正常打击姿势下,在其肩背部以下至膝部以上的高度,并在本垒板平面上的任何部分空间之内。

60. 传球(THROW):即防守球员将球传给另外的队友之动作。

注:若是传出之球成为障碍球或传出场外,则给予所有跑垒员于传球时所占之垒再进两个垒。

61. 暂停(TIME):即裁判员促使比赛暂停的口令。

62. 三杀行为(TRIPLE PLAY):即防守队连续刺杀 3 名进攻队的球员出局。

63. 打击(TURN AT BAT):即击球员进入击球区起,继续至出局或成为跑垒员为止的行为。

64. 暴投(WILD PITCH):(快式)即投手投出过高、过低或过于偏侧,致使捕手在正常的状态下,无法或未能挡住及控制之球。

第三章

垒球运动综合知识

第一节　垒球运动的价值

垒球运动对人体也有很多好处，具有能促进运动系统、心血管系统、神经系统的健康价值；促进身体素质全面发展的价值；促进运动技能形成价值；促进运动参与与养成阳光健康生活方式的价值；促进社会适应性价值；促进健康心理品质形成价值。

一、促进运动系统、心血管系统、神经系统健康价值

促进运动系统、心血管系统、神经系统健康价值是指垒球运动是一项能让青少年在运动、日常生活中提高心血管和自身神经系统的运动。垒球运动包含各种身体动作，是一项对参与者综合能力要求较高的项目。对短距离奔跑能力，灵敏性，耐力等都有一定要求。青少年参加垒球运动，通过跑动、倒地等一系列复杂的动作，能使自身具有更好的代谢能力。

二、促进身体素质全面发展的价值

垒球运动的兴起，在室外体育方面又有了更多的拓展，在身体素质方面，垒球讲究短距离奔跑和灵敏性，是一项对队员个人身体素质要求较高的项目。青少年参加垒球运动，通过队员相互间的默契、团结等方面，改善人体各方面的素质。

三、促进运动参与与养成阳光健康生活方式的价值

运动参与是青少年形成运动技能、养成积极进取的生活态度的重要途径。在充满斗志的垒球运动比赛中，能培养青少年对体育活动的兴趣，形成坚持锻炼身体的习惯和对体育的喜爱，从而形成阳光健康的生活方式。

四、促进社会适应性价值

垒球运动也同时强调个人技战术和团体素质以及拓展青少年对社会适应能力方面有很好的作用。在垒球运动中，队员更需要密切的联系、相互沟通、团结一心，发挥集体的智慧和自己的判断能力才可以取得比赛的胜利，可以提高青少年齐心协力的精神、加强个人的交往能力。更使得青少年在以后从社会方方面面解决事情的时候能够占得先机。

五、促进健康心理品质形成价值

垒球运动有助于身体的发展，也能培养青少年健康的心理品质。垒球运动是一项结合个人素质和团体协作的运动，参与垒球运动会时常遇到不同的对手或者感受到胜利和失败。在这样的锻炼中会不断培养青少年对胜负的意识，并养成团结互助的良好品质。在垒球运动中能提高青少年的自信心，锻炼青少年的意志以及调节情绪的能力，促进青少年身心健康发展。

第二节　垒球运动的重要国际赛事

垒球运动的重要国际赛事主要有奥运会垒球比赛、女垒世界锦标赛、世界杯女子垒球赛。

历届奥运会垒球比赛成绩表

年份	金牌	银牌	铜牌
1996 年亚特兰大	美国	中国	澳大利亚
2000 年悉尼	美国	日本	澳大利亚
2004 年雅典	美国	澳大利亚	日本
2008 年北京	日本	美国	澳大利亚

历届女垒世界锦标赛成绩表

届次	年份	地点	队伍数量	冠军	亚军	季军	中国队成绩
1	1965 年	澳大利亚墨尔本	5	澳大利亚	美国	日本	
2	1970 年	日本大阪	9	日本	美国	菲律宾	
3	1974 年	美国斯特拉特福德	15	美国	日本	澳大利亚	
4	1978 年	萨尔瓦多	15	美国	加拿大	新西兰	
5	1982 年	中国台北	23	新西兰	中国台北	澳大利亚	
6	1986 年	新西兰奥克兰	12	美国	中国	新西兰	亚军
7	1990 年	美国医药管理局努马	20	美国	新西兰	中国	季军
8	1994 年	加拿大圣·约翰	28	美国	中国	中国台北	亚军

续表

9	1998 年	日本富士宫	17	美国	澳大利亚	日本	第四
10	2002 年	加拿大萨斯卡通	16	美国	日本	中国台北	第四
11	2006 年	中国北京	16	美国	日本	澳大利亚	第四

历届世界杯女子垒球赛成绩表

年份	届次	参赛队	冠军	亚军	季军	殿军	第五名	第六名
2004			美国	日本	加拿大	澳大利亚		
2005	1	5	日本	美国	澳大利亚	中国	加拿大	
2006	2	6	美国	日本	加拿大	澳大利亚	中国	英国
2007	3	6	美国	日本	加拿大	中国	委内瑞拉	多米尼加

第三节　垒球运动观赛礼仪

(一)赛前

赛前观众应提前入场,并配合场馆工作人员完成安全检查工作。进入观众席后,对号入座。在举行场地工作人员、裁判员、双方队员集体入场仪式时,观众应给予热烈的掌声。在双方队员进行准备活动时,如果球飞到看台上,观众应主动将球交给捡球员,而不是将球直接扔向场内。在介绍裁判员、运动员、教练员时,观众应报以热烈的掌声。对于有主队参加的比赛,要对客队报以同样热烈的掌声。

(二)赛中

将手机关机或者调到静音、振动状态。照相尽量不要开闪光灯。观看比赛时,观众应既有激情,又不失理智。要以欣赏比赛过程为主,保持良好的心态,不要过分看重比赛胜负。要为双方运动员加油助威,为双方运动员创造友好的比赛气氛。特别是在投球和击球的时刻,最好不要发出声响,在球被击出之后,观众便可以尽情地为队员的精彩表现喝彩。

观众应尽量配合现场主持人,为双方队员加油。积极参与现场观众的制造人浪。观众应以热烈的掌声和欢呼回报局间拉拉队的助兴表演。观众一定要注意不能采取过激的行为,如抛掷物品、不文明语言、有侮辱性表示的手势。

观众应尊重裁判员,善待客队的支持者,避免引起球迷间的冲突。

(三)赛后

比赛结束后,观众应起立为运动员精彩的表现鼓掌,并按照现场主持人和工作人员提示有序地离开观众席。

第四节 卫生保健与健康常识

垒球运动中,常见的损伤主要有头部损伤、肩关节损伤、手指挫伤、腰部损伤、膝关节损伤、踝关节扭伤。

一、头部损伤

头部损伤主要是由于受到球的撞击和队员之间的碰撞。

预防头部损伤的关键点是保持清醒的头脑和注意力集中,虽然由于球速很快,有些情况无法预料,或者来不及躲避,但是保持清醒的头脑和注意力高度集中能在一定程度上降低头部受伤的风险。

二、肩关节损伤

肩关节损伤多见于投手、击球员以及传球队员。主要原因是由于用力过猛，使关节超出了正常的活动范围，造成韧带拉伤。

肩关节损伤的预防首先要注意加强肩关节柔韧性的练习，以及加强肩关节周围肌肉力量。在训练和比赛中运用合理的技术动作，加强整个身体的协调用力，而并非依赖肩关节发力。

三、手指挫伤

手指挫伤主要出现在队员注意力不集中、手法不正确的时候被球伤及腕关节或掌骨挫伤。

在预防方面，主要注意接球技术动作要正确，精神、注意力要集中，预判来球的力量和速度，以及飞行轨迹，把握好出手时机与缓冲动作。

四、腰部损伤

腰部损伤主要见于投手和击球员。主要原因是在完成投球和击球过程中用力过猛，击球员挥空棒造成。

在预防方面，首先要注意加强腰部力量的练习，同时重视对腰部的放松，避免造成腰肌劳损慢性损伤。在完成投球的动作过程中，充分利用蹬地的力量，将力量传递到腰部，避免过分依赖腰部发力完成动作。击球员注意力要集中，并且在挥棒之前有所预判，身体保持微紧张状态，并强调随挥动作，切忌动作过分放松和过分紧张。

五、膝关节损伤

膝关节损伤主要在投球和击球蹬地用力，以及在与对方队员身体接触时发生。

膝关节损伤的预防首先还是要重视热身活动，充分调动肌肉的积极性。在投球和击球动作中，注意技术动作的准确性，在完成动作之前了解地面平整情况。在与对方发生身体接触前要做好自我保护动作，切忌在毫无保护措施情况下与对方队员发生正面接触。

六、踝关节扭伤

踝关节扭伤主要是在蹬地瞬间发力不平衡，在跑垒过程中崴脚，以及踩垒和滑垒技术动作不正确造成。

预防踝关节扭伤首先要重视准备活动，在热身过程中注意对踝关节附近小肌肉群和韧带的拉伸。其次，在投手投球和击球员挥棒击球时，下肢要保持一定的紧张度，注意蹬地协调发力，切忌在较为放松的状态下猛然发力。在跑垒或追球的过程中注意地面是否平整，以防意外发生。在完成踩垒和滑垒过程中，要注意正确运用技术动作，特别是在滑垒过程中要小心对方队员的动作方向和速度，避免正面碰撞。

附录

专业词汇中英文对照表

handball 手球

cancha 手球场

centre line 中线

corner throw 掷角球

goal area 球门区

goal line 球门线(六米线)

goal throw 球门球

goalkeeper 守门员

penalty line 罚球线

penalty shoot-out 罚球

pivot(line player)进攻球员

playmaker(centre back)中场球员

referee throw 裁判掷球

shooter 射手

sideline 边线

wing 两翼球员

baseball 棒球

baseball field, baseball ground 棒球场

softball 垒球

softball field, softball ground 垒球场

infield, diamond 内场

outfield 外场

fair territory 界内地区

foul territory 界外地区

foul line 边线

base line 垒间线

base 垒

bag 垒垫，垒包

home base 本垒

first base 一垒

second base 二垒

third base 三垒

home plate 本垒板

pitcher's plate 投手板

pitcher's mound（棒球）投手土墩

pitcher's circle（垒球）投手圈

batter's box 击球员区

on deck circle 击球员准备区

catcher's box 接手区

coacher's box 跑垒指导员区

bench, dug-out 队员席

bull-pen 候补投手练习区

glove 手套，分指手套

milt 合指手套

bat 球棒

mask 护面

chest protector 护胸

leg protector 护腿

supporter 护裆

helmet 护帽

baseball player 棒球运动员

softball player 垒球运动员

pitcher 投手

catcher 接手

fielder 守场员

baseman 守垒员

infielder 内场手

first baseman 一垒手

second baseman 二垒手

third baseman 三垒手

shortstop 游击手

outfielder 外场手

batter，hitter 击球员

base-runner 跑垒员

batter-runner 击跑员

relief pitcher 候援投手

designated hitter（DH）指名击球员

coacher 跑垒指导员

manager 总教练

plate umpire 司球裁判员

base umpire 司垒裁判员

inning 局次

offensive team 攻队

defensive team 守队

pitching 投手投球

throwing 传球

catching 接球

fielding 防守

batting, hitting 击球

base running 跑垒

stealing 偷垒

sliding 滑垒

strike zone 好球区

fair ball 界内球

foul ball 界外球

illegal pitch 不合法投球

illegally batted ball 不合法击球

bunt 触击球

foul tip 擦棒球

bunting 触击

swing 挥击

ground ball, grounder 地滚球

liner, line drive 平直球

fly ball 腾空球

hit, safety hit 安全打

one base hit 一垒打

two base hit 二垒打

three base hit 三垒打

home run, homer 本垒打

safe 安全上垒

base on balls 四球安全上垒

struck-out 三击出局

run, score 得分

batting order 击球次序

wild pitch (投手)暴投

balk (棒球)投手犯规

put-out 接杀

out, down, away 出局

touch out 触杀

force out 封杀

assist 助杀

run down 夹杀

double play, double kill 双杀

主要参考文献

[1]王祥茂.现代棒球[M].广州:广东高等教育出版社,1995.

[2]赵景卓.体育观赛礼仪[M].北京:中国物资出版社,2008.

[3]郑风家.棒球[M].长春:吉林出版社,2008.

[4]陈刚.手球[M].长春:吉林出版社,2008.

[5]俞继英.奥林匹克手球[M].北京:人民体育出版社,2005.

[6]张笃超,李湘奇.运动损伤康复学[M].北京:人民军医出版社,2008.

[7]梁友德.少年棒球三年教程[M].北京:人民体育出版社,2003.

[8]希腊 ARTOON 出版社.棒球垒球手球[M].北京:人民体育出版社,2004.

[9]伦斯特伦.运动损伤预防与治疗的临床实践[M].北京:人民体育出版社,2006.

[10]日本棒球杂志社.棒球规则图解[M].北京:人民体育出版社,2003.

[11]乔培基.垒球[M].北京:北京体育大学出版社,2003.

[12]http://www.beijing2008.cn/sports/baseball(北京 2008 年第 29 届奥运会官方网站)

[13]http://baike.baidu.com/view/48.htm? fr = ala0

[14]http://baike.baidu.com/view/10663.htm? fr = ala0

[15]http://www.beijing2008.cn/sports/softball/(北京 2008 年第 29 届奥运会官方网站)

[16] http://baike.baidu.com/view/14904.htm? fr=ala0

[17] http://www.beijing2008.cn/sports/handball/(北京 2008 年第 29 届奥运会官方网站)